KB242304

1억 버는 공부방의 비밀

| 일러두기 |

이 책에 실린 문제집의 인용을 허가해 주신 저작권자와 출판사 측에 감사드리며 연락이 닿지 않은 곳은 책 출간 후에 보시고 연락을 주시면 추후 책 등으로 사례하도록 하겠습니다.

연봉1억 김보미 원장의 공부방 창업-차별화 전략

1억 버는 공부방의 비밀

인쇄일 초판 1쇄 | 2011년 11월 3일
발행일 초판 1쇄 | 2011년 11월 11일
　　　　초판11쇄 | 2016년 9월 12일

지은이 | 김보미

발행인 | 이정식
편집인 | 이창훈
출판팀장 | 신수경
편집담당 | 강희숙
디자인 | 씨오디
사진 | 이정민(물.나무)
마케팅 | 안영배, 경주현
제작 | 주진만

발행처 | (주)서울문화사
등록일 | 1988. 12. 16　등록번호 | 제 2-484호
주소 | 서울시 용산구 새창로 221-19 2층
전화 | 799-9326　구입문의 | 791-0762
FAX | 799-9144　　마케팅 | 749-4079
홈페이지 | http://books.ismg.co.kr　이메일 | book@seoulmedia.co.kr
인쇄처 | (주)코리아피앤피

ⓒ 김보미 2011

ISBN 978-89-263-9317-8 (13320)

연봉1억 김보미 원장의 공부방 창업—차별화 전략

1억 버는 공부방의 비밀

김보미 지음

서울문화사

성공하는 공부방
선생님이 되는 비결

요즘 어디를 가나 학생을 모집하는 공부방 광고를 쉽게 볼 수 있다. 공부방 창업을 원하는 사람들도 어렵지 않게 찾아볼 수 있다. 공부방을 운영하면 취업하는 것보다 나은 수익을 올릴 수 있을까? 그 대답은 고민할 것도 없이 "그렇다."이다. 실제로 공부방을 운영하면서 많은 돈을 번 사례는 주위에서 쉽게 찾아볼 수 있다. 나는 2006년 공부방을 오픈해 1년 만에 월 500만 원을 벌었다. 1년 후에는 월 1,000만 원 이상 버는 잘 나가는 공부방 선생님이 되었다.

그렇다면 공부방을 차리기만 하면 무조건 높은 수익을 올릴 수 있을까? 만약 이에 대한 답이 "그렇다."라고 한다면 누가 공부방 창업에 대해 고심을 하겠는가. 조금도 주저할 필요 없이 무조건 창업하면 될 일이다. 그러나 공부방 창업을 원하는 많은 사람들이 망설인다. "과연 공부방을 해도 좋을까?" 나도 공부방을 창업하기 전에 수도 없이 했던 고민이다.

평생 공부의 시대이다. 많은 사람들이 대학을 졸업하고도 취직을 하기 위해, 또는 자신의 미래를 위해 1~2년 어학연수를 다녀온다. 그리고 여러 가지 자격증을 따기 위해서 학원을 다니면서 몇 개월에서 또는 몇 년간에 걸쳐 공부하는 사람도 있다. 심지어 회사에 취직해도 몇 개월간의 수습 기간 동안은 일을 배우는 시간이다. 그렇게 보낸 시간들이 과연 헛된 것일까? 그렇지 않다. 무언가를 배운다는 것은 그 종류가 무엇이든 간에 분명 본인에게는 플러스가 된다. 세상에는 경험해보지 않으면 모르는 일도 많기 때문이다.

'공부방을 창업하면 나에게 어떤 이익이 될까?', '과연 내가 공부방을 운영해서 성공할 수 있을까?'를 깊이 고민하지 말라. 공부방 운영 경험은 후에 내 자녀의 교육에도 많은 도움이 될 뿐만 아니라 평생의 직업을 가질 수 있는 기회가 된다. 공부방 운영에는 정년이 없다. 오히려 경력이 오래되면 오래될수록 학생들을 가르치는 일이 쉬워지고 자신감이 생긴다. 현재 공부방을 운영하고 있는 분들이라면 충분히 공감할 것이다. 1년간 운영하고 나면 학생들의 학습 내용을 파악할 수가 있고 그 후부터는 마음의 안정도 찾아가면서 점점 학생들을 가르치는 일에 자신감이 높아진다.

주변의 친구나 혹은 알고 지내는 사람이 공부방을 운영하면서 많은 돈을 벌었다는 이야기를 듣고 고민하는가? 여러분도 그들처럼 공부방을 창업해서 성공하고 돈을 벌고 싶다면 당장 그 생각을 실천에 옮겨

라. 고민만 하고 시작하지 않으면 자신이 성공하는 모습은 상상 속에서만 존재한다. 성공한 자신의 모습이 현실이 되기 위해서는 실천이 뒷받침되어야만 한다. '와 부럽다.'가 아니고 '나도 이렇게 해야지.'라는 생각을 곧바로 실천에 옮겨라. 그리고 노력하라. 1~2년이 지난 후 자신의 모습은 상상 속의 모습과 많이 닮아 있을 것이다.

우리가 알고 있는 개그우먼 조혜련 씨도 자신의 미래 모습을 일기에 적어본다고 한다. 그리고 그렇게 되기 위해 노력한다고 한다. 누구나 성공의 가능성은 가지고 있다. 그러나 성공을 하느냐 마느냐의 차이는 그 성공을 위한 노력을 상상에 그치고 마는지, 아니면 굳은 의지를 가지고 실천하는지에 따라서 달라진다.

이 책은 내가 세 번째 펴내는 공부방 책이다. 많은 분들이 첫 번째 책과 두 번째 책을 읽고 크게 도움이 되었다는 이야기를 들었을 때 정말 뿌듯했다. 그런데 공부방 창업을 원하는 분들도, 실제 운영을 하고 있는 분들도 구체적이고 실질적인 공부방 운영 노하우를 원하는 분들이 많았다. 그래서 이 책에서는 공부방을 어떤 방법으로 운영했으며, 학생들을 어떻게 가르쳤는지에 대해 좀 더 자세하게 설명해 놓았다.

첫 번째 책과 두 번째 책을 쓸 때도 그랬지만, 이 책을 쓰는 지금 이 순간에도 간절히 소망한다. 많은 분들이 이 책을 읽고 공부방 사업을 통해 성공할 수 있기를 말이다. 그리고 내가 공부방을 운영하면서 느꼈던 보람과 기쁨을, 아니 그 이상을 얻을 수 있기를 바란다. 실천하라.

그리고 노력하라. 이 두 가지가 성공하는 공부방 선생님이 되는 비결
이다.

지금 이 책을 읽는 모든 분들이 내가 겪었던 시행착오를 겪지 않고
안정적으로 공부방을 창업하고 운영해 나가면서 나보다 더 큰 성공을
거두길 바란다. 그래서 이 책 안에 내가 그동안 공부방을 창업하고 운
영하면서 얻은 모든 노하우를 담았다. 이 공부방 운영 비결이 행복하
고 즐거운 공부방을 운영하는 선생님이 될 수 있도록 여러분을 도와줄
것이라고 믿는다.

PART 1

공부방 창업,
작은 고민과 선택이 큰 결과를 낳는다

1등 공부방 비법,
당장 배우고 응용하고 시도하라

공부방 창업, 작은 고민과 선택이 큰 결과를 낳는다

공부방 선생님만큼 아이와 학부모와 두터운 관계를 형성하면서 아이의 학습에 깊이 관여하는 직업
은 없을 것이다. 즉 아이를 가르치는 여러 가지 직업들 중 아이와 학부모와 가장 친밀한 관계를 형
성할 수 있다. 이 때문에 많은 학부모들이 공부방을 선호하는 것이다. 이것을 보더라도 앞으로 공
부방 창업은 더욱 매력적인 사업 아이템으로 발전해 나갈 것이다.

보람과 평생직업,
두 마리 토끼를 잡는
공부방 창업

요즘은 '공부방'이라는 단어가 학부모나 아이들에게 모두 익숙한 단어이지만, 내가 처음 이 말을 들었을 때는 "그게 뭐지? 뭔데 사람들이 관심을 갖는 거지?"라는 의문을 가졌다. (물론 이때 말하는 관심이라는 것은 창업에 대한 관심이 아니고 학부모들이 갖는 관심을 이야기 한다.) 나 또한 공부방 창업이 생소했지만 남들과는 달리 학부모의 변화를 빨리 눈치챘고, 깊은 관심을 갖고 공부방에 대해 알아보기 시작했다.

나는 학습지 교사를 하면서 가르치는 아이들에게 "공부방 가서 뭐 배우니?", "수업을 어떻게 하니?", "공부방 다니는 게 성적에 도움이 되니?", "넌 어떻게 알고 공부방에 다니게 되었니?" 등 여러 가지에 대해 물어보고 다녔다. 그때만 해도 공부방에 대해 알 수 있는 카페나 프랜차이즈가 많지 않은 때였다. 그래서 발품을 팔면서 알아보는 방법 외에는 공부방에 대한 정보를 얻을 수가 없었다.

그러다 마침내 아는 분의 소개로 어머니가 공부방을 운영하는 아이의 공부를 봐주게 되었다. 그 집을 방문하면서 이런저런 정보를 얻게 된 나는 곧 고민에 빠졌다. 지금 하는 일을 그만두고 공부방 창업에 뛰어들 것인지, 아니면 지금 이대로 열심히 일해서 안정적인 월급을 받아 후에 학원을 개원할 것인지…….

원래 내 목표는 목돈을 모아서 학원을 운영하는 것이었다. 하지만 학원을 하기에는 아직 창업비용이 턱없이 모자랄 때였다. 목표한 금액을 모으지 못하고 학습지를 그만둔다는 것은 지금까지 쌓아온 학습지 승률을 포기한다는 것이었다. 그랬기 때문에 공부방 운영이 잘되지 않을 경우 학습지를 하더라도 처음부터 다시 시작해야 하고, 학원에서 강사로 일한다 해도 처음부터 새롭게 경력을 쌓아야만 했다.

요즘은 남녀를 불문하고 누구나 결혼하기 전에 안정적인 직업을 갖기를 원한다. 여자들도 결혼해서 아이를 키우면서 남편과는 별도로 자신의 능력껏 안정적인 금액의 돈을 벌고 싶어한다. 물론 아이를 키우면서 아이의 학습에 도움이 되는 일을 한다면 금상첨화일 것이다. 나도 결혼 후 아이를 키우면서 공부도 봐줄 수 있고 가계에도 도움이 되는 안정적인 직업을 원했다. 그래서 목표로 했던 것이 학원이었다. 그런데 학원이 아닌 이제 막 생겨나고 있는 공부방을 창업하자니 크게 고민이 될 수밖에 없었다.

그렇게 시간은 점점 흐르고 공부방 창업에 대한 고민은 깊어만 갔다. 그러나 선뜻 공부방을 창업할 자신은 없었다. 섣불리 일을 벌였다가 지금까지 쌓아온 노력이 물거품이 될 수도 있었다. 그러나 한편으로는 집에서 공부방을 운영하는 그 어머니의 모습이 자꾸만 머릿속을 맴돌았다.

솔직히 그때만 해도 학습지 선생을 하는 것이 내게는 너무나 힘들었다. 매달 일정 수의 입회를 채워야 하고 퇴회를 막아야만 했다. 그러다 보니 월급이 늘어나는 것도 어느 순간부터는 왠지 모르게 기운 빠지고 스트레스를 받았다. 아이들을 가르치면서 보람을 느끼기도 했지만, 무거운 학습지를 들고 하루 종일 이 집 저 집을 돌아다니는 것은 그만큼 지치는 일이기도 했다. 또 학습지는 회사에서 내가 한 달 동안 번 돈의 60%가 넘는 금액을 가져가기 때문에 굉장히 힘 빠지는 일이었다.

그렇다고 학원 강사로 다시 돌아가는 것도 싫었다. 아무리 열심히 학생들을 가르쳐도 결국 일정량의 고정된 수입에서 벗어나지 못했다. 물론 학생이 많이 늘어나면 원장님이 월급 외에 보너스를 주기도 했지만 가끔씩 뿐이었다. 나는 항상 그 자리를 맴도는 기분이 들었다. 더 이상의 발전은 없고 몇 년이 지나도 그냥 그 자리에 서 있을 것만 같은 기분 말이다.

내가 학습지를 선택해서 일을 하기 시작했던 이유는 열심히 뛴 만큼 월급을 가져갈 수 있다는 장점 때문이었다. 직접 회사를 차리거나 장사를 하지 않는 한 매달 노력한 만큼 월급이 올라가는 직업은 학습지 교사가 최고라고 생각했다.

그렇게 나는 학원 창업을 꿈꾸며 열심히 저축을 하고 있었다. 그러나 한편으로는 학습지 교사 월급을 거의 몽땅 저축하면서도 걱정이 되었다. '몇 년간 쉬지 않고 일하며 모은 돈으로 학원을 창업했는데, 만약 잘되지 않고 문을 닫게 되면 어떻게 하지?'라는 고민 말이다.

사업을 시작하기도 전에 쓸데없는 고민부터 하는 내가 답답해 보이는 사람도 있을 것이다. 그러나 나는 항상 무슨 일이든 최악의 상황을 생각해 두어야 하고 그에 따른 대처 방안도 가지고 있어야 한다고 생각한다. 그렇게 하면 일하면서 생길 수 있는 만약의 사태에 대처할 수 있고 거기서 받는 스트레스도 최소한으로 줄일 수 있다.

그런데 공부방 창업은 집(주거지)에서 하는 사업이기 때문에 만약 공부방을 운영하다가 망한다 하더라도 보증금은 고스란히 남는다. 그리고 공부방 사업에 들어가는 초기 창업비용도 다른 사업에 비해 많지 않은 편이다.

나는 자꾸만 공부방 창업에 대한 미련이 생겼다. 공부방을 운영하고 있는 학습지 회원 아이의 어머니처럼, 이 집 저 집 돌아다니지 않고 공부방을 찾아오는 학생들을 가르치는 모습이 너무 좋아 보였다. 그리고 무엇보다 내가 학생을 가르치는 대가로 버는 모든 수익이 누구와 나누어 가지지 않아도 된다는 점이 나를 더욱 갈등하게 만들었다.

그래서 몇몇 친한 학부모들을 찾아가서 학원과 공부방의 장단점을 조사하기 시작했다. 내가 그동안 꿈꿔왔던 학원을 창업해야 할지, 아니면 지금 학부모들 사이에서 좋은 이미지로 자리 잡고 있는 공부방을 창업해야 할지 결정하려면 좀 더 구체적이고 실질적인 정보가 필요했다. 혹시 공부방도 일시적으로 유행하는 사업 아이템 중 하나가 아닐까 하는 걱정도 들었다. 일시적으로 유행하는 것은 금방 사라져버리기 때문에 반드시 짚고 넘어갈 필요가 있었다.

왜 굳이 이 두 가지 중에서 고민했는지 궁금한 분들을 위해 한 마디 언급한다면 그것은 내가 살고 있는 곳이 '한국'이기 때문이다. 우리나라의 교육열은 누구나 알고 있듯이 세계 최고를 자랑한다. 따라서 한국에서 교육 사업을 한다는 것은 평생의 직업을 가질 수 있고 자신이 노력한 만큼의 고소득 또한 보장된다는 뜻이기도 하다.

교육 사업은 내가 초등학교를 다닐 때도 있었고 지금은 그 수가 더 많이 늘었다. 그리고 세월이 지날수록 학부모의 교육열도 높아지고 자녀에게 투자하는 교육비도 매년 증가하고 있다. 그래서 나는 항상 학원 운영에 관심을 가지고 있었다. 주위의 선배들이나 부모님과 충분히 상담한 나는 결국 공부방을 창업하기로 결정을 내렸다. 지금 생각해보아도 그 고민과 선택은 정말 내 인생에 큰 영향을 준 전환점이었다.

그 선택 덕분에 지금 나는 다른 친구들에 비해 훨씬 많은 재산을 모으게 되었다. 그리고 아이들을 가르치는 일에 보람을 느끼며 내 평생의 직업인 공부방 선생님의 길을 가고 있다.

공부방 선생님만큼 아이와 학부모와 두터운 관계를 형성하면서 학습에 깊이 관여하는 직업은 없을 것이다. 즉 아이를 가르치는 여러 가지 직업들 중 아이와 학부모와 가장 친밀한 관계를 형성할 수 있다. 이 때문에 많은 학부모들이 공부방을 선호하는 것이다. 이것을 보더라도 앞으로 공부방 창업은 더욱 매력적인 사업 아이템으로 발전해 나갈 것이다.

고민해 보라. 그리고 그 고민의 결과를 행동으로 옮겨라. 분명 자신의 인생에 큰 전환점이 될 수 있는 결과를 얻을 것이다.

고민하고
실천하는 만큼
성공의 길이 보인다

공부방 창업에 대해 얼마만큼의 고민을 하고 있는가? '그저 집에서 할 수 있는 부업으로 좋을 것 같아서'라고 생각하는가? 아니면 '주위의 누가 잘된다고 하니까 한번 해볼까?'라고 생각하는가? 만약 공부방을 단순히 아이들을 불러다 문제집을 풀리고 답안지를 보고 채점해서 틀린 부분을 고쳐주는 정도의 단순한 교습소로 생각한다면 이는 잘못된 생각이다. 그 정도의 일은 부모도 충분히 할 수 있고 아이들 또한 스스로 문제집을 풀고 채점하는 정도는 할 수 있다.

지금까지 나는 여러 공부방 선생님들을 만나왔다. 그 중에는 생각지도 못한 방법으로 공부방을 성공적으로 운영하는 분들도 있었고, 회원이 늘지는 않고 자꾸만 그만두는 학생이 늘어서 고민하는 분도 있었다. 공부방이 제대로 운영되지 않아 고민하는 선생님들은 내게 공부방 운영 비법에 대해 질문을 하곤 한다.

그때마다 나는 항상 이런 말을 해준다.

"상담은 얼마나 자주 하시나요?"

"공부방 운영의 성공 노하우가 학생의 성적 향상에만 있다고 생각하시나요? 그보다 더 중요한 것은 학생과 학부모 관리입니다."

성적은 그날의 운에 따라 잘 나올 수도 있고 잘 나오지 않을 수도 있다. 공부를 잘하는 학생이라고 해서 항상 좋은 성적을 유지하는 것은 아니다. 그렇기 때문에 매년 수능에서 평소 실력과는 다른 결과가 나와서 좌절하고 재수를 결심하는 학생들이 나오지 않는가. 성적이 어떤 때는 좋게 나오고 또 어떨 때는 확 떨어지는 등 변동이 심한 것은 옳지 않지만, 어쩌다 한 번 성적이 떨어지는 것은 아무리 능력이 뛰어난 선생님이라 할지라도 어쩔 수 없는 현상이다.

따라서 공부방을 운영하면서 성공하고 싶다면 '상담을 즐기도록 노력하라.'고 말해주고 싶다. 성공하는 기업의 공통점은 서비스가 좋다는 것이다. 그런 기업들은 어떻게 다른 회사보다 서비스가 좋을까? 어떤 방법으로 고객이 원하는 바를 꼭 집어서 이야기해 주고 해결해 주는 것일까? 다른 회사와는 '차별적인 서비스'가 있기 때문에 소비자들은 다소 가격이 비싸더라도 이런 기업의 물건을 선호한다.

이러한 기업의 공통점은 고객의 소리를 잘 듣는다는 것이다. 지금

대기업의 홈페이지나 본사에 전화해서 문의를 해보라. 바로 고객이 원하는 바대로 정정해 준다. 그리고 불편한 점이 없는지를 재차 확인한다. 고객의 목소리에 귀 기울여 들어주고 고객이 원하는 바대로 수정해 나간다면 비로소 누구나 인정하는 대기업이 될 수 있는 것이다.

공부방도 같은 구조라고 보면 된다. 독불 장군 식으로 '나는 좋은 대학을 나왔으니까.', '이 정도 해주면 됐지. 뭘 더 바래?', '저 엄마는 너무 피곤한 스타일이야. 저걸 어떻게 다 맞춰줘?' 이런 생각을 가지고 있다면 절대로 공부방을 성공적으로 운영할 수 없다.

학부모와 학생들의 의견을 80% 이상은 수용하도록 하자. 그리고 학생들에게 물고기를 잡아주지 말고 물고기 잡는 법을 가르쳐라. 그렇게 하면 모든 학부모가 원하는 최고의 선생님이 될 수 있다. 공부방 선생님의 역할은 아이가 단계별로 어떤 문제집을 풀고 어떻게 문제를 해결해야 하는지 알려주는 것이다. 그렇게 함으로써 아이가 한 번 틀린 유형의 문제를 다시 실수하지 않도록 스스로 학습하는 방법을 알려주는 그림자 역할을 해야 한다. 부모들이 가장 싫어하는 주입식 교육을 하는 선생님은 결코 성공하는 공부방을 운영할 수 없다. 자기주도 학습을 할 수 있는 힘을 길러주는 선생님이 되어야 한다.

또한 부모들이 자녀의 학습에 불안감을 느끼지 않게끔 수시로 상담을 하라. 가끔은 사춘기의 아이와 부모 사이에 징검다리 역할도 해줄 수 있어야 한다. 이렇게 공부방 선생님이 부모들에게 해줄 것이 많을 때 절대로 학부모들은 선생님을 떠나지 않게 되는 것이다. 그러기 위해서는 선생님은 어떤 방식으로 수업을 진행하고 어떻게 아이의 학습을 이끌어줄 것인지에 대해 항상 고민해야 한다.

우리 주변에는 많은 학습지와 학원이 있다. 또한 공부방 창업의 수도 점점 늘어나고 있다. 이와 같은 현상은 공부방이 사업 아이템으로서 무한한 가치가 있고 그만큼 공부방을 원하는 수요가 늘어나고 있다는 증거다. 이렇게 치열한 경쟁 속에서 '1등 공부방'이 되기 위해서는 노력하는 부지런한 선생님이 되어야만 한다. 앞으로는 점점 학부모들의 학력도 높아지고 그만큼 자녀 교육에 대한 눈높이 또한 높아질 것이다. 그렇기 때문에 부모나 아이들 모두 자신을 꼼꼼히 지도해 줄 수 있고 관리해 줄 수 있는 공부방을 원할 것이다.

이런 사회적 요구에 부응하기 위해 공부방 창업자들에게 반드시 필요한 것이 바로 차별화이다. 차별화라는 것이 특별한 문제집을 필요로 하거나 특별한 티칭법, 혹은 높은 학력을 말하는 것이 아니다. 공부방의 차별화란 기본에 충실하면서 아이의 학습 내용을 학부모와 꾸준히 소통하는 것이다. 아직 미혼인 선생님들은 학부모들과 자주 대화해 보라. 그리고 부모가 원하는 것이 무엇일까를 고민하라. 그 고민의 양만큼 성공의 크기는 비례할 것이다.

차별화와 더불어 중요한 또 한 가지는 아이들과의 유대 관계이다. 학생들과의 유대 관계는 다른 어느 때보다 지금, 그리고 앞으로는 더욱 중요해진다. '자식 이기는 부모 없다.'라는 말처럼 저학년 때야 부모의 강요에 의해 어쩔 수 없이 공부방에 다닐 수 있지만, 고학년이 되면 아이의 고집을 꺾을 수 있는 부모는 많지 않다. 아니 거의 없다고 해도 과언이 아니다. 아이가 죽도록 싫어하는 공부방을 과연 다니겠는가? 따라서 학부모의 마음만 잡고자 노력하는 것은 잘못된 방법이다. 초등학생을 대상으로 하는 공부방은 아이들의 마음을 50%, 부모의 마음을 50% 확보하고자 노력하라. 중학생을 대상으로 하는 공부방은 아이들의 마음을 70%, 부모의 마음을 30% 잡고자 노력한다면 분명 가장 성공하는 공부방을 만들 수 있을 것이다.

기억하라. 공부방을 운영하면서 성공하길 원한다면 아이들과 학부모의 만족도를 높일 수 있는 방법을 고민하고 실천하라. 그리고 그 고민의 결과는 학부모와 학생을 잘 관리하고 학생들과 친밀한 유대 관계를 지속해 나가는 것임을 명심하고 또 명심하자. 이 말을 기억하면서 공부방을 창업하여 운영한다면 분명 성공할 것이라고 자신 있게 말할 수 있다.

공부방 창업
쉬울까? 어려울까?

여기까지 글을 읽고 나서 "에휴~ 공부방 창업이 쉬운 일은 아니구나."라는 생각이 드는 분이 있다면 이제부터 집중해서 읽어주기 바란다. '공부방 창업 쉬울까? 어려울까?'라는 질문에 나는 자신 있게 "쉽다."라고 답할 수 있다.

모든 사업이 그렇듯이 창업은 쉬운 일이 아니다. 적은 돈으로 시작할 수 있는 일이 그리 많지 않기 때문이다. 그렇다고 많은 돈을 들인 만큼 반드시 성공이 보장되는 일도 그다지 흔치 않다. 적은 돈을 들이든 많은 돈을 들이든 창업을 하고 그것을 운영하기 위해서는 여러 가지 신경 써야 할 부분들이 많다. 사람을 고용해야 하는 경우는 더더욱 그렇다.

내가 여러 학원 원장님들을 만나면서 들었던 공통적인 고민 중 하나는 선생님 관리다. 내 마음과 같이 아이들을 가르치고 학부모들과 상담을 해주는 선생님이 몇이나 되겠는가. 그런 선생님이 있다 하더라도 나와 그 선생님이 평생을 함께해 주지는 않는다. 이는 학원만 그런 것은 아니다. 음식점, 옷가게, 회사 등 여러 곳에서 공통적으로 나타나는 현상이다. 그러나 공부방 창업은 내가 직접 아이들을 가르치고 학부모를 관리하기 때문에 이러한 고민에서 벗어날 수 있다.

그럼 공부방 창업이 다른 일에 비해 왜 좀 더 쉬운지를 살펴보도록 하자. 우선 자금 면에서 부담이 가지 않는다. 당장 창업에 필요한 자금이 없다 하더라도 현재 살고 있는 곳에서 쉽게 공부방을 시작할 수 있다. 그리고 학생들을 가르치는 부분에 대해서도 어렵게 생각할 필요가 없다. 왜냐하면 가르치는 대상과 과목을 본인이 자신 있게 할 수 있는 것으로 정할 수 있다. 또한 초기 물품비용도 적게 든다. 그저 아이들과 공부할 수 있는 책상과 의자 정도만 있으면 된다.

항상 하는 말이지만 처음부터 모든 것을 완벽하게 준비해서 창업하려고 애쓰지 말라. 공부방 물품이라는 것이 운영을 하면서 하나하나 준비해도 되는 것이다. 왜냐하면 처음부터 아이들이 10~20명 들어오는 것도 아니고, 초기에는 2~3명으로 시작해서 시간이 갈수록 점차 늘어나는 것이기 때문에 차츰 필요한 물품을 채워가면 된다.

공부방은 허가제가 아니고 신고제이다. 해당 교육청에 가서 개인과외 신고만 하면 누구나 운영이 가능하다. 또한 신고를 하기 위해 특별한 자격증이나 학력이 필요한 것이 아니기 때문에 전혀 걱정할 필요가 없다.

마지막으로 공부방 창업의 좋은 점은 시간을 자유롭게 활용할 수 있다는 점이다. 현재 자녀가 있는 분들이라면 집에서 운영하는 것이기 때문에 집안일과 육아를 병행하면서 공부방을 운영할 수 있다. 일반 회사를 다니면 정해진 시간 대로 움직여야 하고 갑작스럽게 일이 생겼을 때는 아이를 맡길 곳이 없어서 고민을 한다. 그리고 다른 가게를 운영하더라도 주말에는 쉴 수가 없어 집안일과 병행하는 데 많은 어려움이 따른다. 자녀의 나이가 어릴수록 이런 사정은 더욱 절박하다.

하지만 공부방을 운영하면 이러한 고민에서 벗어날 수 있다. 내 아이를 가르치면서 돈도 벌 수 있기 때문에 주부들에게는 더할 나위 없는 최고의 창업이 되는 셈이다. 나도 이 점이 가장 마음에 들었다. 나중에 결혼을 하면 자녀 교육에 들어가는 비용이 너무 부담스럽다고 친척 언니가 자주 이야기하곤 했다. 그래서 이왕이면 자녀 교육에 도움이 되는 일을 직업으로 하면 돈도 벌고 내 아이도 올바른 방향으로 키울 수 있겠다고 생각했다. 또한 미혼인 나는 학생들을 가르치면서 아이를 다루는 노하우를 배울 수 있으니 정말 좋은 사업이라고 생각했다.

여러분도 조금만 철저히 공부방 창업을 준비한다면 안정적으로 창업하여 성공적으로 운영할 수 있다. 그리고 지금 창업을 준비하는 분들은 내가 창업했을 때보다는 공부방 창업과 운영에 대한 노하우를 좀 더 쉽게 배울 수 있고 도움을 받을 수 있는 곳도 많기 때문에 창업에 대한 긱징은 크게 하지 않아도 된다.

공부방 창업과 운영을 좀 더 쉽고 안정적으로 하고 싶은 분들이 있다면 그것은 바로 파트너를 찾는 일이다. 여기서 파트너란 함께 공부방에서 아이들을 가르칠 선생님을 말하는 것이 아니다. 공부방 창업을 쉽고 보다 성공적으로 하기 위해서는 내가 갖고 있지 않은 부분들을 도와줄 수 있는 파트너가 필요하다. 따라서 파트너는 공부방 프랜차이즈가 될 수도 있고 공부방 카페나 기출문제 사이트, 공부방 운영을 도와줄 시스템이 될 수도 있다.

혼자 모든 것을 책임지려고 하지 말라. 내가 공부방을 운영하면서 여러 선생님들을 만나고 프랜차이즈 관계자들을 만나면서 느끼고 경험한 부분을 결과로서 말하자면, 좋은 파트너는 여러분을 보다 크게 성공시킬 수 있고 부족한 부분을 채워줄 수 있을 것이다. 때문에 보다 안정적으로 공부방을 운영해 나갈 수 있는 것이다.

학생이 좋은 성적을 얻기 위해서는 본인도 열심히 공부해야 하지만 그 옆에서 공부를 도와줄 훌륭한 선생님이 있다면 그 학생은 더욱 좋은 시험 결과를 얻을 수 있고 좀 더 안정적으로 성적을 유지해 나갈 수 있다. 우리 주위를 보아도 이러한 예는 흔히 찾아볼 수 있다. 성공한 사람들이 모두 혼자의 힘으로 성공하였는가? 아니다. 그 옆에는 그림자

처럼 그들을 도와준 누군가가 항상 존재한다. 본인의 노력이 가장 중요하겠지만 혼자 모든 것을 100% 잘할 수는 없다. 그럴 때는 앞에서 말한 파트너와 함께 문제점을 찾고 해결하기 위해 힘써야 한다.

창업을 두려워하지 말라. 지금은 공부방이 점점 성장하고 있는 단계다. 따라서 그만큼 공부방 파트너를 쉽게 찾을 수 있다. 자신에게 가장 어울리는, 그리고 자신을 가장 잘 도와줄 수 있는 파트너를 찾을 수 있다면 성공하는 공부방을 운영할 수 있을 것이다. 쉬운 창업 길이 있는데 돌아서 갈 필요가 있겠는가? 자신과 성공의 길을 함께 걸을 파트너를 찾아라. 그러면 그 파트너는 선생님의 성공을 빠른 속도로 도와줄 것이다.

또 한 가지 말해두고 싶은 것은 혼자 모든 것을 해결하려 하기보다는 다른 선생님들과 정보도 공유하고 힘든 점도 나누기를 바란다. 공부방을 운영하면서 누구나 고민거리를 갖게 되고 속상한 일을 겪게 된다. 지금 공부방을 운영하는 분들이나 한 번이라도 공부방 관련 카페에 올려진 글들을 읽어본 분들이라면 지금 내 말에 공감할 것이다. 자신이 하고 있는 일에 대해 잘 아는 사람들에게 고민을 털어놓으면 바로 공감하고 여러 경험담을 들으면서 빠르게 해답을 찾을 수 있다. 그러나 혼자 고민하거나 자신이 하는 일과는 관련이 없는 주위 친구나 부모님께 이야기한들 그 고민거리는 속 시원하게 해결되지 않는다. 오히려 답답한 마음만 커질 수 있다.

공부방을 운영하면서 고민이 생기고 스트레스가 쌓이면 그때 나를 도와줄 수 있는 파트너들과 고민을 공유하라. 그러면 그 고민은 곧 해결되고 좀 더 편안한 마음으로 공부방을 운영하게 되어 빨리 안정적으로 자리를 잡을 수 있게 될 것이다.

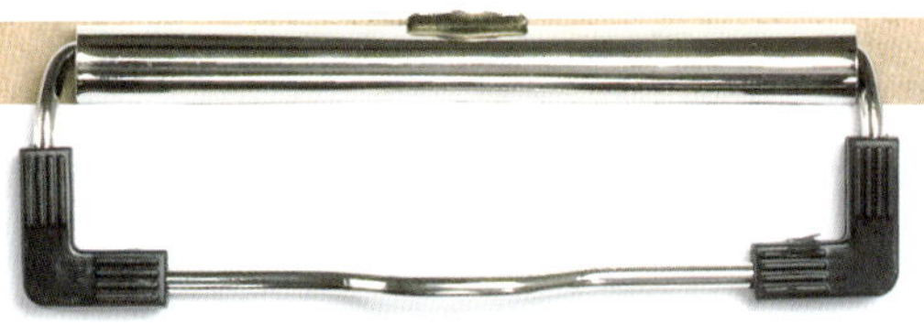

초기에 들었던 창업비용 및 창업계획서

* 창업 시기 : 1월 말

* 창업 공간 : 아파트 1층(총 1,004세대). 주위에 타 아파트 단지가 있음.

* 홍보 전단지 : 집에서 직접 제작

* 게시판 홍보비용 : 주위의 3개 아파트 단지 매달 9만 원(3개월간)

* 수업 과목 : 초등 전 과목. 중학생은 영어, 수학

* 수업 교재 : 초등학생 : 학기 학습 교재 ⋯ 디딤돌에서 나오는 국, 수, 사, 과

　　　　　　　　　　　다달 학습 교재 ⋯ 천재교육에서 나오는 우등생 평가,

　　　　　　　　　　　해법 수학 시리즈

　　　중학생 : 영어 ⋯ EBS 영어, Essential Grammar In Use

　　　수학 ⋯ 3000제(꿀꺽 수학), 개념원리

　　　(후에 운영을 하면서 교재는 바뀌었음.)

* 에어컨 : 중고를 알아보았지만 금액이 너무 부담스러워 후에 돈을 모아 사기로 결정.

총 창업비용(인테리어) : 1,512,000원

물품내용	구입비용
포밍 책상 5개	70,000 × 5 = 350,000원
의자 8개	20,000 × 8 = 160,000원
정수기 설치(무료 설치)	0원(매달 사용료는 지불함)
책장(800 × 300 × 200) 5개	80,000 × 5 = 400,000원
컴퓨터(조립식 기본 사항)	600,000원
복합기	100,000원
지도(세계지도, 우리나라 지도)	240,000원
칠판(대형 마트에서 구입)	38,000원
게시판(주문 제작)	100,000원
학용품과 인테리어 소품들	38,000원

거실을 자습실로 꾸민 모습이다. 학생들이 앉아서 학습을 할 수 있게끔 만든 좌식형이다. 겨울에는 방석을 준비하도록 한다.

방에 독서실 책상을 놓아서 자습을 할 수 있도록 꾸민 공부방 인테리어이다.

한 쪽 벽면을 지도로 꾸민 공부방 교실 모습이다.

책장과 지도, 책상을 놓고 학생들이 공부할 수 있도록
꾸민 공부방이다.

선생님 책상 옆에 공부에 집중을 잘 못하는
학생을 앉혀 두고 학습 감독을 한다.

거실을 교실로 꾸며서 수업과 자습을 병행할 수 있도록 만든 공부방이다.
이 경우는 시간표 조절을 잘해서 거실이 산만하지 않도록 해야 한다.

▲ 공부방 교실 문패를 재미있게 꾸미는 효과가 있어서 아이들이 좋아한다.

▲ 사회 수업을 할 때 초등 고학년이나 중학생 이상의 학생들이 수업 내용을 이해하는 데 도움이 된다.

▲ 단순히 화장실이라고 써 붙여도 되지만, 사진과 같이 표시해도 좋다.

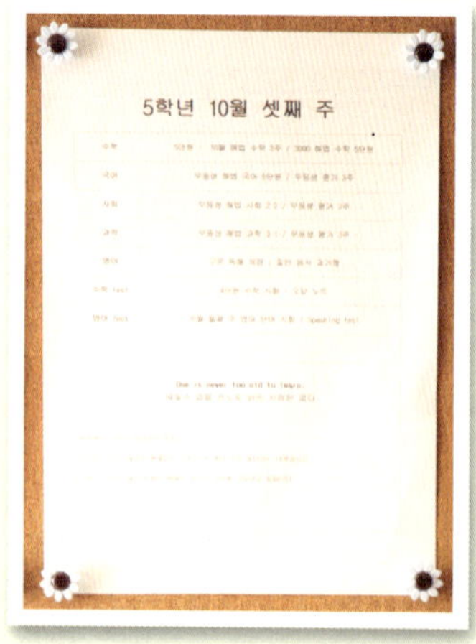

▲ 1주일 동안 학습할 내용을 게시판에 붙여서 학생들이 계획성 있게 학습할 수 있도록 한다.

▲ 공부방 규칙 중 하나인 음식물 반입 금지를 나타내기 위한 문패이다. 인테리어 효과도 볼 수 있다.

▲ 학생들이 편하게 사용할 수 있도록 기본적인 학용품 도구를 구비해 둔다.

공부방으로 돈을 벌 수 있을까?

"공부방 창업으로 얼마나 벌 수 있을까요?"

나에게 이런 질문을 하는 사람들이 많다. 내가 공부방을 운영하면서 많은 돈을 벌었기 때문일 것이다. 물론 공부방을 창업하는 이유 중 가장 큰 부분을 차지하는 것이 바로 수입일 것이다. 그저 "아이들을 가르치는 일이 재미있고 보람을 느낄 수 있어서, 아이들과 함께 있는 시간이 행복해서 공부방을 운영하려고 합니다."라고 말하는 사람은 많지 않을 것이다. 그런 사람이라면 봉사 활동을 하는 것이 맞지, 시간과 돈을 투자해서 공부방 사업을 하는 것은 맞지 않다.

나도 공부방 창업에 관심을 갖고 열심히 노력한 이유 중 가장 큰 부분이 수입이었다. 그럼 공부방을 창업하여 운영해 나가면 얼마나 벌 수 있는가를 한 번 살펴보도록 하자.

"나는 부업으로 한 달에 100만 원 정도를 벌고 싶어요.", "회사를 다닐 때보다 더 많은 수입을 원해요. 한 달에 200만 원 이상 벌 수 있나요?", "저는 공부방 사업으로 한 달에 500만 원 이상 벌고 싶어요. 가능한가요?", "학원을 경영할 때보다 더 크게 성공하고 싶어요. 한 달에 1,000만 원도 벌 수가 있나요? 공부방을 운영하면서 그게 현실적으로 가능한 일인가요?"

공부방 사업으로 얻고 싶은 수입의 유형은 이렇게나 많다. 이 질문들 중 현실적으로 가능한 질문은 몇 개일까? 정답은 "모두 가능하다."이다. 분명 이 글을 읽는 사람 중에는 "말이 돼? 그냥 뻥 치는 거 아니야?"라고 생각하는 분들이 있는가 하면, 현재 공부방을 운영하고 있는 분들이라면 "가능하지. 나도 그 정도는 벌고 있는데 어떻게 하면 더 벌 수 있을까 해서 이 책을 보는 것이니까."라고 말하는 분들도 있을 것이다.

내 주변에서 조언을 구하는 많은 분들이 200~400만 원 사이의 수익을 올리고 있다. "와~ 생각보다 많이 번다."라고 부러운 마음이 생기는가? 걱정할 필요는 없다. 여러분도 가능한 일이기 때문이다. 이런 분들은 "더 이상 학생들을 관리할 수 없는데 어떻게 이 이상을 벌죠?"라는 질문을 한다. 즉 200~400만 원 사이의 금액은 공부방을 운영하면서 누구나 노력하면 벌 수 있다.

공부방은 일정 금액의 월급을 받는 것이 아니다. 선생님이 학생들을 가르치는 만큼, 즉 노력하는 것에 비례해서 돈을 벌 수가 있다. 이 부분이 내가 생각하는 공부방 창업의 매력 중 하나이다. 내가 노력한 만큼 돈을 벌 수 있다면 힘들어도 그 이상의 뿌듯함이 있고 내 자신의 가치가 자꾸만 높아진다는 생각, 내 또래의 다른 친구들에 비해 앞서 나간다는 생각이 들 수 있는 것이다. 그러니 충분히 상상하라. 그리고 이 책을 읽으면서 그 상상이 현실이 될 수 있게끔 공부방을 창업하여 운영해 나가도록 하자.

공부방도 전문화되어야 한다

국내 사교육 시장의 규모는 30조 원이 넘는다고 한다. 그리고 공부방의 규모는 이미 학습지를 뛰어넘었고 앞으로 3~5년 안에는 지금의 두 배로 증가할 것이라고 전문가들은 보고 있다. 그만큼 공부방의 성장 잠재력은 무궁무진하고 많은 부모들이 아이들을 공부방에 맡긴다는 것이다. 학부모들이 학습지나 학원보다 공부방을 선호하는 이유는 좀 더 아이에게 맞춤 학습을 시킬 수 있고, 내 아이에게 더 많이 신경 써주는 것이 좋기 때문이다.

공부방의 수가 늘어나는 만큼 학부모들의 눈높이 또한 그 이상으로 높아진다는 것을 명심하라. 남들과 똑같이 하면서 그 이상을 벌겠다는 생각을 해서는 안 된다. 남들과는 다른 공부방의 이미지를 부모와 학생들에게 어필하라. 그러면 퇴회를 하는 학생을 막기도 쉽고 기존 회원들을 관리하기도 편해질 것이다. 보통 퇴회 상담의 경우 부모들이 50% 이상 퇴회를 생각한 상태에서 상담을 하는 게 대부분이다. 그렇기 때문에 퇴회 상담은 힘들고 지칠 수밖에 없다.

퇴회 상담을 잘하기 위해서는 선생님만의 상담 자료가 필요하다. 그래야만 좀 더 설득력 있게 학부모와 상담을 할 수 있지 않겠는가? 아무런 준비 없이 상담을 하는 것은 군인이 전쟁에 나가는데 총알 없이 나가는 것과 같다. 물론 자신의 신들린 입담으로 퇴회를 막을 수도 있지만 그 학생은 머지않아 다시 퇴회에 대한 의사를 밝힐 것이다.

홍보 또한 마찬가지다. 매달 전단지를 뿌리는 일도 초기에는 신이 나고 재미있을 수 있다. 하지만 전단지를 뿌린 만큼 신입생이 들어오지 않는다면 그만큼 기운 빠지는 일도 없다. 홍보 작업도 운동이라 생각하고 할 수는 있지만, 홍보를 하기 위해서는 비용이 들지 않는가. 그렇기 때문에 더욱더 공부방의 전문화가 필요한 것이다. 공부방을 전문화시켜 운영한다면 홍보비용이 많이 줄어들 것이다. 아니 홍보가 따로 필요하지 않을 수도 있다. 왜냐하면 전문화된 공부방은 학부모들 사이에서 인기 있는 곳이 되기 때문이다.

원래 가장 효과적인 홍보 방법은 바로 입소문이다. 그 입소문의 시작은 다른 공부방과는 차별화된 프로그램과 관리에서 시작된다. 오해하지 말라. 차별화된 프로그램을 갖추어야 한다는 말이 브랜드를 갖추어서 공부방을 시작하라는 말은 아니다. 다만 남들과는 다른 무언가를 가지고 학부모들과 학생들을 공략할 때 여러분이 운영하는 공부방의 이미지가 높아진다는 것을 말하는 것이다. 그것은 바로 전문 공부방이 다. 전문 공부방의 이미지로 누구나 다니고 싶은 공부방을 만드는 노 력이야말로 성공하는 공부방이 되는 지름길임을 명심하라.

수업 내용과 교습 방법에 대해 끊임없이 연구하라

공부방을 운영하기 전에 선생님들이 가장 힘들여서 하는 준비는 무엇일까? 바로 교재 선정, 교육비 책정, 가구 정하기, 물품 구입하기, 홍보 방법, 공부방 위치 선정 등일 것이다. 대부분의 선생님들이 이 부분에 대해 많은 시간을 할애하고 어떻게 하면 홍보를 잘해서 아이들을 많이 모집할까를 깊게 고민한다. 물론 이 부분이 중요하기 때문에 잘못되었다는 말은 아니다. 그러나 공부방을 창업하기 전에 학생들에게 풀릴 교재를 처음부터 끝까지 풀어보거나 수업 방법을 연구하는 분들은 그다지 많지 않다는 것이 문제다.

선생님들이 수업 방법과 교재 풀기에 시간을 많이 투자하지 않는 이유는 대충 훑어보면 충분히 알 수 있고 기껏해야 초등학교 문제라고 생각하기 때문이다. 더구나 학원에서 근무한 경력이 많거나 과외를 오래한 선생님들은 대부분 그럴 필요가 없다고 생각한다. 하지만 이는 잘못된 생각이다. 막상 학생이 틀린 문제를 설명할 때나 학생이 모르는 문제를 가지고 와서 질문했을 때 막히는 경우가 분명히 있다. 어찌어찌해서 설명은 할 수 있지만 학생의 머릿속에는 100% 이해하고 넘어가지 못하여 '아~ 어렵다.'라는 생각이 존재한다.

선생님의 역할은 아이가 좀 더 쉽게 문제를 이해하고 풀 수 있도록 도와주는 것이다. 그렇지 못하면 아이는 점점 공부에 대한 흥미를 잃어갈 것이다. 아이의 머리가 나쁘다거나 너무 산만하다거나 공부에 흥미가 없다는 점을 내세워 스스로를 위로하지 말라. 아이가 전혀 성적이 오르지 않거나 공부에 흥미를 잃어가는 데에는 그 아이를 가르치고 있는 선생님도 일부 책임이 있기 때문이다.

교육비를 책정하는 데 있어서 '너무 비싼가? 이 정도는 받아야 하는데…… 너무 비싸다고 오지 않으면 어쩌지?'라고 고민하기 전에 아이들이 쉽게 문제를 이해할 수 있도록 하려면 어떻게 설명해야 하는지, 어떻게 하면 공부 습관을 잡아줄 수 있을지, 어떻게 하면 아이들이 공부방을 즐거운 마음으로 와서 재미있게 공부할 수 있을지를 고민해 보라. 그러다 보면 교육비 책정 문제는 자연히 해결될 것이다.

그리고 자신이 진행하고자 하는 방법이 100% 정답은 아니다. 만약 공부방을 창업하는 데 있어서 어떻게 수업을 해야 좋을지 고민이 된다면 EBS나 다른 교육 사이트(각 출판사, 초중 단원평가 사이트)에 들어가서 동영상 강의를 반복해서 보고 그 모습을 따라해 보는 것도 좋은 방법이다.

경력이 많은 선생님들은 요점을 잘 정리해서 설명해 주는 노하우를 가지고 있다. 하지만 처음 수업을 하는 선생님들은 설명을 하고 나서도 그 수업 내용이 정리가 잘되지 않는 경우가 있다. 그리고 꼭 집어주어야 할 부분이나 정말 중요한 부분을 요약해 주지 못하고 오히려 학생들에게 학습 내용이 복잡하고 어렵다는 인상만을 남겨줄 수 있다.

그러므로 수업하기 전에 꼭 이야기해야 할 내용이나 아이들이 알고 넘어가야 할 부분은 정리를 한 후 수업하는 습관을 갖는 것도 초보 선생님에게는 필요하다. 만약 지금 전 과목을 가르치는 공부방을 창업하려고 생각하는 선생님들은 사회, 과학, 국어 책을 펼쳐보라. 그리고 그 내용을 천천히 읽어보라. 그곳에 나온 단어를 모두 설명할 수 있는가?

아이들은 학교에서 수업 중에 잘 이해되지 않는 부분을 공부방 선생님에게 물어오는 경우가 많다. 따라서 선생님은 수업 준비와 수업 내용에 대해 항상 고민하고 배우는 자세를 가져야 한다. 선생님이 노력한 만큼 가르치는 아이들의 성적이 향상될 수 있다는 것을 마음속 깊이 새겨라. 학생들은 그 노력을 성적 향상이라는 결과로 여러분에게 보답할 것이다.

Q&A로 배우는
공부방 창업
KEY POINT

공부방 창업을 준비하는 분들이 가장 크게 고민하는 것 중 하나가 개인 공부방으로 할 것인지, 프랜차이즈 공부방으로 할 것인지를 결정해야 하는 일이다. 둘 중에 무엇이 더 좋다고 단정 지어 말할 수는 없다. 개인 공부방과 프랜차이즈 공부방의 장단점을 알고 신중하게 선택을 하는 것이 좋다. 이 선택으로 초기 공부방 창업비용이 달라질 수 있고 몇 년 후 운영 형태를 바꾸려고 할 때 큰 골칫거리가 될 수 있음을 명심하자.

공부방 신고는
꼭 해야 하나요?

공부방을 운영하는 데 있어서 가장 먼저 해야 할 일은 개인과외 신고이다. 공부방은 허가제가 아닌 신고제이기 때문에 누구나 특별한 자격 조건 없이 교육청에 가서 개인과외 신고를 하면 공부방을 운영할 수 있다. 간혹 "공부방 신고를 꼭 해야 하나요?"라고 질문하는 분들이 있는데 반드시 해야 한다.

기관에 신고하지 않고 공부방을 운영하다가 학파라치가 신고하면 벌금을 물어야 하기 때문에 꼭 신고를 하는 것이 좋다. 만약 개인과외 교습자(공부방을 운영하는 분)가 신고를 하지 않거나 허위로 신고를 한 경우, 또는 신고필증(개인과외 신고를 하면 받는 필증)을 게시하지 않거나 학부모가 보여 달라고 요청했을 때 이를 거부하면 100만 원 정도의 과태료가 나오게 된다.

요즘은 신종 직업이라 일컬어지는 학파라치가 왕성하게 활동을 하기 때문에 조심해야 한다. 학파라치가 생겨난 이후 그 수가 점점 늘어나는 이유는 미신고 개인과외 교습자를 신고하면 500만 원의 포상금을 받을 수 있기 때문이다. 미신고 개인과외 교습자를 신고한 학파라치들에게 주는 포상금은 현행 월 교습비의 20%(200만 원 한도)에서 50%(500만 원 한도)로 대폭 상향됐다.

특히 입주를 시작하는 신규 아파트 단지는 이런 학파라치가 굉장히 많다. 어느 공부방이든 처음에 시작할 때는 홍보 전단지를 뿌리게 된다. 현수막, 문어발 전단지, 우편함 전단지 등 홍보물을 뿌리면 상담 문의 전화가 걸려온다. 그 전화들 중에는 실제로 학생을 보내기 위한 학부모의 상담도 있지만, 일부는 학파라치이거나 경쟁 공부방, 학원일 경우가 크다.

요즘은 경쟁업체에서도 미신고 개인과외 교습자를 신고하는 경우가 많다. 학원가에 원생의 수가 줄어드는 가장 큰 이유가 공부방 때문이다. 학원에서 공부방으로 옮겨가는 학생이 많으면 그만큼 학원의 수입은 줄어들게 된다. 그러므로 공부방은 학원 입장에서 반갑지 않은 경쟁업체 1순위가 된다. 원래 누군가를 신고하는 것은 그 사람을 잘 아는 사람일 가능성이 크다. 공부방을 가장 잘 아는 사람이 누구겠는가. 1위 학원, 2위 경쟁 공부방, 3위 학생, 4위 학부모, 5위 이웃들(위층이나 아래층)이다.

신고도 하지 않고 공부방을 운영하면서 혹시 누군가가 자신의 공부방을 신고하지 않을까 하고 가슴 졸이며 걱정할 필요가 있을까? 공부방에 걸려오는 상담 전화가 학파라치인지 경쟁 공부방이나 학원인지 걱정하면서 상담을 소극적으로 하고 있지는 않은가? 수업을 하다가 학생들에게 화를 내면 그 보복으로 공부방을 교육청에 신고하지는 않을까 고민하지 말라. 당장에 교육청에 가서 개인과외 신고만 하면 깨끗이 해결될 문제이다.

신고만 하면 마음 편히 공부방을 운영하면서 홍보를 할 수 있다. 공부방 신고는 선택 사항이 아니고 의무 사항임을 명심하자. 그리고 그 신고필증은 액자에 넣어서 교무실(선생님이 상담할 때 사용하는 방)에 걸어두는 것도 학부모에게 신뢰를 줄 수 있는 좋은 방법이자 인테리어 효과가 있음을 기억하자.

공부방과 교습소의 차이는 무엇인가요?

공부방 창업을 고민하는 분들 중에는 교습소와 공부방의 차이를 잘 모르는 분들이 많다. 막상 준비를 하고 나니 공부방이 아닌 교습소인 경우가 그러하다. 상가(주거지가 아닌 곳)에서 창업을 하고자 하는지, 주거지에서 창업을 하고자 하는지를 분명히 알아야 한다. 그렇게 자신이 창업하고자 하는 것이 공부방인지 교습소인지를 분명히 알고 그에 맞게 창업 준비를 하는 것이 좋다. 지금부터 공부방과 교습소의 차이에 대해 알아보도록 하자.

우선 공부방과 교습소의 공통점부터 알아보자. 공부방과 교습소 모두 원칙상 한 명의 선생님만 수업을 할 수 있다. 그 외의 보조 교사를 두는 것은 불법이다. 그리고 한 수업 당 수강 학생이 9명을 넘을 수 없다. 만약 넘게 되면 이는 학원으로 분류되므로 주의하도록 하자. (학부모들도 한 반에 많은 학생들이 수업을 하는 공부방은 선호하지 않는다. 공부방 수업 형태가 1:1 수업이 아닌 그룹 수업이라면 소수 정예로 수업을 할 수 있도록 수업 계획을 짜보자.)

그럼 공부방과 교습소의 차이는 무엇일까? 공부방은 허가제가 아닌 신고제다. 그리고 평수에 대한 제한이 없다. 그러나 교습소는 허가제이기 때문에 실사를 하러 나온다. 그리고 공부방은 선생님이 여러 과목을 가르쳐도 될 뿐만 아니라 수강료의 제한이 없다. 따라서 선생님이 잘하는 한 과목만 가르쳐도 되고 전 과목을 가르치고 싶다면 국어, 수학, 영어, 사회, 과학 등 여러 과목을 가르쳐도 된다. 이에 반해 교습소는 선생님이 한 과목만 가르칠 수 있다.

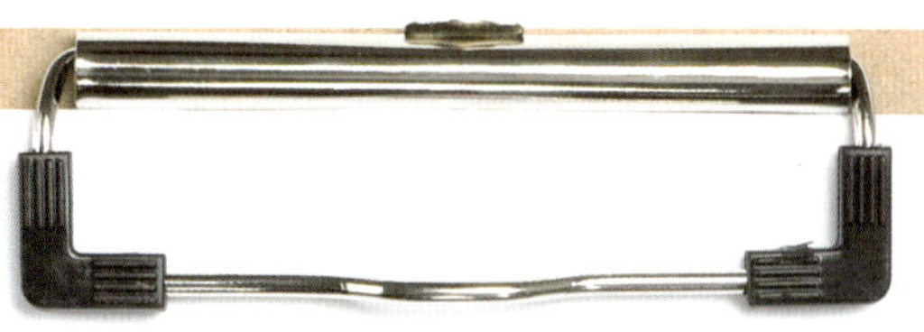

학원, 교습소, 개인과외 교습자 비교

구분	학원	교습소	개인과외 교습자
학습자 수	동시 10인 이상	동시 9인 (피아노 5인)	동시 9인까지
강사 수	제한 없음	강사를 둘 수 없음	강사를 둘 수 없음
시설 기준	보습학원 : 45~90㎡ 이상 (조례로 규정되어 시, 도별로 차이)	1㎡당 0.3인 이하 교습 가능 (약 3.3~30㎡)	제한 없음
교습과목 제한	제한 없음	한 과목만 가능	제한 없음
강사 자격 (교습자 자격)	전문대학 졸업 이상	전문대학 졸업 이상	제한 없음
건축물의 용도	2종근린생활시설 교육연구시설 (건축법)	2종근린생활시설 교육연구시설 (건축법)	단독주택 또는 공동 주택(교습자 또는 학 습자의 주거지)
교육환경 정화 규정	적용	적용	적용 안 함
강사(교습자) 연수	적용	적용	적용 안 함
수강료 표시, 게시제	적용	적용	부분적용(게시하거나 학부모 요청 시 제시)
수강료 조정 명령	적용	적용	적용
행정처분 및 과태료, 벌칙 규정	적용	적용	적용

공부방 창업에 필요한 자격증이나 조건은 무엇인가요?

공부방을 창업하는 데 특별한 자격증이 필요하지는 않다. 물론 여러 가지 자격증이나 경력이 있다면 공부방을 운영하는 데 있어서 학부모들에게 어필할 수 있으니 좋겠지만, 자격증이 없다고 해서 신고가 불가능한 것은 아니다.

그리고 공부방을 창업하려면 꼭 4년제 대학을 나와야 하는 것도 아니다. 개인과외 신고를 하기 위해 특별한 학력 조건이 필요하지 않기 때문이다. 바꾸어 말하면 고등학교만 졸업해도 교육청에 가서 개인과외 신고를 할 수 있다는 말이다.

공부방 창업 시 학부모들이 선호하는 자격증

• 학습코칭 지도사

교과별 학습코칭 방법을 통하여 전문지도사를 양성하는 과정으로, 학생의 적성과 소질을 찾아주고 이에 맞는 학습계획을 세우고 관리하는 전문가를 양성하는 과정이다. 자기주도 학습을 위한 교과맞춤 독서를 통하여 독서이력 관리가 가능하도록 지도한다.

학생의 상담과 지도에 관심이 있는 경력단절 여성을 중심으로 새로운 취업이나 창업의 기회를 제공하여 경제발전과 차별화된 교육서비스를 제공한다. 국어나 독서논술 관련 공부방을 운영하실 분은 한 번쯤 관심을 가져볼 만하다.

학습코칭에 대한 전반적인 내용에 대해 지식을 얻을 수 있으며, 대학교부설 평생교육원에 설치되어 있어 수료 후 평생교육원 명의의 수료증을 발급받을 수 있는 장점이 있다. 그러나 학습 내용이 너무 광범위하여 세부적인 내용이 부족하며, 30만 원이라는 비싼 수강료에 비해 많은 것을 얻기 힘들다는 단점이 있다.

• 수학 자기주도 학습 지도사

수의 성질과 수의 분해, 결합을 통해 수학적 사고력을 어려서부터 길러줄 수 있는 수학 전문지도사 과정이다. 또한 수학 용어의 개념을 노트필기를 통해 접근함으로써 수학이 어렵고 짜증나는 과목이 아니라 쉽고 재미있는 과목이라는 것을 배울 수 있는 교육과정이다.

역시 평생교육원 명의의 수료증을 받을 수 있는 장점이 있으나 30만 원이나 하는 고가의 수강료가 관건이다. 초등 방과후 교사나 공부방 창업에 도움을 주겠다고는 하지만 실질적인 알선행위는 어렵다. 수학 노트필기법에 대해 특화를 가지고 있으나 이미 알려진 오답노트 작성법에 대한 내용을 주로 강의하기 때문에 수강 후에 나만의 차별화된 오답노트 작성법을 만드는 것이 좋다.

수학 노트필기법 이외에도 연산 지도법과 도형 지도법 등 주로 수학을 가르치는 스킬을 배울 수 있다.

• 영어 자기주도 학습 지도사

자기주도적 강의역량 제고를 위한 교수법이다. 읽기의 유창성, 이해력을 높이기 위한 영어낭독 훈련 지도법과 재미있는 영어 독서를 통해 자기주도성을 길러줄 수 있는 영어몰입 교육을 배울 수 있다. 또한 입학사정관제와 포트폴리오를 준비할 수 있는 방법에 대해서도 도움을 받을 수 있다.

이 과정을 통해 듣기, 말하기, 쓰기, 읽기를 통합적으로 마스터하는 지도법과 자기주도 Vocabulary 교구, 카드 학습법을 배울 수 있으며, 음성 인식을 통한 1:1 개인별 맞춤 교육 지도법도 배울 수 있다. 이 과정 또한 평생교육원 명의의 수료증을 받을 수 있으나 30만 원이나 되는 수강료를 지불해야 한다. 주로 파닉스와 리딩 중심의 강의를 하고 있으며, 영어 학습을 자기주도 학습으로 티칭하는 방법론적 접근이 강하다.

• 초등 수학 지도사

'연산을 잡으니, 수학이 된다.'라는 말이 있다. 초등 수학 전 영역의 80%를 차지하고 있는 수와 연산은 초등 수학의 핵심이다. 그래서 연산을 잘하는 아이가 수학을 잘하는 아이가 된다. 한 연구에 따르면 수학을 못하는 아이의 대부분이 기초 계산력이 부족한 아이들이라고 한다.

초등 수학 지도사는 수학을 잘할 수 있도록 가감승제는 물론이고 분수, 소수, 진법전환 등을 자유자재로 할 수 있는 연산 실력과 더불어 도형, 측정, 확률 및 통계, 규칙성과 문제해결 등 초등 수학 교과서에 나오는 모든 영역의 강의를 구성하고, 보고 만지며 생각하는 교수법과 실습 기회를 제공한다. 그리고 창의력, 사고력 신장을 위한 강의를 구성하고 자료 및 교수법을 제공한다. 그래서 초등 수학의 이해와 수와 연산에 대한 원리셈판 지도법(십진법의 원리와 개념을 이용한 계산)을 완성한다. 이 자격증 과정은 교육현장에 적용될 수 있는 교육이론 및 초등 수학 지도사로서의 소양과 실무 능력을 배양한다.

역시 평생교육원 명의의 수료증을 받을 수 있다는 장점이 있으나 40만 원의 비싼 수강료가 관건이다. 원리수학에 대해 강의를 하며, 연산 학습에 대해 집중적으로 강의한다.

공부방에 도움이 되는 자격증은 주로 대학교부설 평생교육원을 이용하는 것이 바람직하다. 대학교부설 평생교육원장의 수료증을 발급받을 수 있기 때문에 학부모들에게 전문가라는 인식을 받을 수 있으나, 고가의 수강료와 이후 지원이 없다는 것이 단점임을 기억하자.

평생교육원 수료 후 교육받은 업체에 가맹을 하여 프랜차이즈 공부방을 개설해야만 지속적인 지원을 받을 수 있다는 것도 유의해 두어야 할 점이다.

공부방 신고는 꼭 주거지에서만 가능한가요?

공부방 신고를 할 때는 반드시 현재 거주하고 있는 주거지에 신고를 해야 한다. 만약 신고하려는 주거지와 주민등록등본 상의 주거지가 일치하지 않으면 신고가 불가능하다. 따라서 우선 교육청에 개인과외 신고를 하기 전에 주민등록 상의 주소지를 확인하고 일치하지 않는다면 동사무소에 가서 주거지 이전을 먼저 해야 한다.

여기서 주의할 점이 있다. 첫째, 만약 주거하고 있는 곳이 오피스텔이라면 개인과외 신고가 불가능하다. 주거용 오피스텔과 사무용 오피스텔 모두 말이다. 그러므로 공부방을 운영할 목적이라면 반드시 주거지를 아파트나 주택지로 선택해야 한다.

물론 상가로 되어 있는 건물이지만 주거용으로 사용할 수 있는 상가도 있다. 아래층은 장사를 할 수 있는 공간이고 위층은 주거지로 사용할 수 있도록 되어 있는 곳이 그러하다. 이런 경우 교육청에 개인과외 신고를 하러 갈 때 건축물 관리 대장을 떼어 가면 개인과외 신고가 가능하다. (건축물 관리 대장은 인터넷에서 무료로 발급이 가능하다.)

둘째, 만약 공부방을 창업하고자 하는 곳이 본인이 소유하고 있는 주거지가 아니고 월세나 전세로 시작하려는 분들은 이사하자마자 주민자치센터에 가서 확정일자를 꼭 받도록 하자. (재계약 시에는 다시 계약서를 작성하고 새로운 계약서에 확정일자를 다시 받아야만 법의 보호를 받을 수 있다.) 그렇게 해야만 후에 일어날 수 있는 사고에 대비할 수 있다. 또한 임차인에게도 공부방을 할 것이라고 미리 말을 해야 한다. 그렇지 않고 공부방을 시작했다가 후에 임차인이 이 사실을 알고 바로 집을 비워 달라고 하면 임차인과 임대인 사이에 마찰이 생길 수도 있다.

공부방을 창업할 때 미리미리 조사하고 준비해 두지 않으면 나중에 오픈 후 선생님이 학생들의 학습에 투자할 시간을 빼앗기게 되고 공부방 운영에도 소홀해질 수 있다.

한 공부방에
2명이 신고해서
함께해도 되나요?

공부방을 운영할 때 2명 혹은 3명이 함께 공부방을 창업하고자 하는 분들이 있다. 한 사람은 영어를 하고 다른 한 사람은 수학을 가르치는 형태로 말이다. 하지만 이는 현실적으로 불가능하다.

법적으로 한 주거지 안에서는 한 명만 개인과외 신고가 가능하다. 즉 한 주거지 안에서 한 사람이 개인과외 신고를 했다면 다른 사람은 할 수 없다. 만약 신고를 안 한 사람과 함께 공부방을 운영하면 교사를 채용한 경우가 된다. 함께 공부방을 운영할 사람이 친형제나 친척인 경우도 마찬가지다. 만약 다른 누군가가 불법으로 한 공부방에서 2명 이상의 선생님이 학생들을 가르친다고 교육청에 신고하면 벌금을 물어야 한다.

공부방을 운영하면서 많은 선생님들이 실수하는 부분이 바로 이 점이다. 그것은 바로 채점 아르바이트생을 고용하는 것이다. 채점 아르바이트생은 학생들을 가르치는 것이 아니니까 괜찮겠지라고 생각한다면 이는 잘못된 생각이다. 채점 아르바이트생도 선생님 고용과 같은 경우다. 어떤 이유든 한 주거지 안에서는 한 선생님만 학생들을 가르칠 수 있다.

그러나 부부가 함께 공부방을 운영하는 것은 가능하다. 부부의 경우 한 주거지 안에서 부부가 각각 개인과외 신고를 할 수 있다. 즉 남편과 아내 모두 개인과외 신고를 각자 하고 공부방을 운영하면 된다. 부부이기 때문에 한 명만 하고 나중에 부부라고 하면 되겠지라고 생각하는 것도 잘못된 생각이다. 부부가 함께 한 주거지에서 공부방을 운영할 계획이라면 반드시 교육청에 가서 각자 따로 개인과외 신고를 하길 바란다.

공부방 신고 방법과 절차는 어떻게 되나요?

🔑 다음은 교육청에 가서 개인과외 신고를 하는 방법에 대해 알아보자.

신청 방법 : 해당 관할 교육청에 방문하거나 우편으로 한다.

구비 서류

1. 신고서 1부(교육청에 비치, 홈페이지 양식 다운로드)

2. 주민등록증사본 1부

3. 최종학력증명서 1부

4. 자격증사본 1부(해당자에 한함, 자격증이 없는 경우 제출하지 않아

도 됨.)

5. 사진(3cm×4cm) 2매

※ 위의 서류들은 3개월 이내에 뽑은 것이어야 한다.

처리 과정

접수 → 서류검토 → 결재 → 신고필증 교부

(개인과외 신고에 소비되는 시간은 30분 이내다.)

신고 기준

고등교육법 제2조 또는 개별 법률에 의해 설립된 대학(대학원생을 포함) 및 이에 준하는 학교에 재학 중인 대학생은 신고하지 않아도 된다. (단, 휴학생은 신고하여야 함.)

유의사항

• 개인과외 교습자는 관할 세무서에 매년 5월 종합소득세를 신고해야 한다.

• 세무서에 사업자등록을 한다.

• 공무원, 교원은 개인과외 교습행위를 할 수 없다.

• 개인과외 신고를 하지 않고 교습행위를 할 시에는 과태료 또는 벌금이 부과 된다. (100만 원)

• 동일한 시간에 10인 이상에게 교습행위를 할 수 없다

• 개인과외 교습은 건축물의 용도가 단독주택, 공동주택(아파트 등)

개인과외교습자 신고서

처리기간	사 진 3×4cm
즉시	

(1) 성 명	한글		(2) 주민등록번호	
	한자			
(3) 주 소				
(4) 연락처	☎ :		HP :	
(5) 학력 및 전공			(6) 자 격	
(7) 경 력	학원(교습소) 폐원 후 운영자 및 학원 강사 여부( )			
	학원(교습소) 운영자 및 학원 강사 겸직 여부( )			
(8) 교습과목 및 교습료				

(9) 교 습 장 소

교습과목 \ 교습료	초등학교	중학교	고등학교	비고
	월 원 (1시간당 원)	월 원 (1시간당 원)	월 원 (1시간당 원)	초: 명 중: 명 고: 명
	월 원 (1시간당 원)	월 원 (1시간당 원)	월 원 (1시간당 원)	초: 명 중: 명 고: 명
	월 원 (1시간당 원)	월 원 (1시간당 원)	월 원 (1시간당 원)	초: 명 중: 명 고. 명

※ 교습료는 1인당 금액을 말합니다.
※ 비고란에는 초등학교·중학교 및 고등학교별 교습인원을 기재합니다.

학원의 설립·운영 및 과외교습에 관한 법률 제14조의2제1항 및 동법시행령
제16조의2제1항의 규정에 의하여 위와 같이 개인과외교습자로 신고합니다.

년 월 일

신고인 (서명 또는 인)

인천광역시서부교육지원청교육장 귀하

※ 구비서류 (각1부)

1. 주민등록증사본(원본지참)   2. 최종학력증
4. 자격증원본 (해당자에 한함)

개인과외 교습자 신고서

교습소설립·운영신고서

처리기간	사 진 3×4cm
5일	

교습자	(1) 성 명	한글		(2) 주민등록번호	
		한자			
	(3) 주 소 (신청인 주소)				
	※ E-MAIL 주소 기재				
	(4) 학 력				
	(5) 주요경력			(6) 직 업	
	※청소년 관련 성범죄 여부 (형 확정 후 10년 이내)				
(7) 교습소명					
(8) 교습장소			(☎ : - -) (HP: - -)		
(9) 교습과목			(10) 1인당월교습료		
(11) 부재횟수 (일일 수업횟수)			(12) 전화번호		

「학원의 설립·운영 및 과외교습에 관한 법률」 제14조제1항 및 동법 시행령 제13
조제1항에 따라 교습소의 설립·운영을 위와 같이 신고합니다.

년 월 일

신고인(교습자) (서명 또는 인)

인천광역시서부교육지원청교육장 귀하

신고인(교습자) 제출서류	담당공무원 확인사항 (부동의하는 경우 해당서류 제출)	수수료
1. 교습소의 위치도 1부 2. 교습자의 자격을 증명하는 서류 1부 (최종학력증명서 등) 3. 교습자의 주민등록증 사본 1부 4. 교습소의 시설평면도 1부 5. 교습장소로 사용 할 시설이 다른 사람의 소유인 경우 - 임대차계약서 사본(원본지참) 1부 6. 사진(3×4cm) 2매	건축물대장등본(일반/집합)	없음

본인은 이 건 업무처리와 관련하여 「전자정부구현을 위한 행정업무 등의 전자화촉
진에 관한 법률」 제21조제1항에 따른 행정정보의 공동이용을 통하여 담당공무원이
위의 담당공무원 확인사항을 확인하는 것에 동의합니다.

신고인(교습자) (서명 또는 인)

교습소 설립 · 운영 신고서

에서만 가능하다.

- 교습자의 주거지가 오피스텔인 경우 과외 교습이 불가능하며 학습자의 주소지가 오피스텔인 경우에는 과외교습이 가능하다.

- 경기도 지역에서 실시되고 있는 아파트 단지 내 개인과외 교습자 알림제는 앞으로 확대될 전망이다. 그러므로 꼭 교육청에 가서 개인과외 신고를 해야 한다.

아파트 단지 내 개인과외 교습자 알림제

아파트 단지 내 개인과외 교습자 알림제는 경기도교육청에서 화성오산교육지원청의 시범실시 결과를 바탕으로, 최근 확대 실시를 결정하였고, 앞으로 아파트 관리사무소와 협조하여 경기도 내 모든 아파트 단지로 늘릴 계획이다. 그러나 이 제도에 대해 아파트 관리사무소나 주민들이 동의하지 않을 경우는 시행하지 않으므로 강제적인 사항은 아니다. 또한 대학생이나 대학원생이면서 개인과외 교습을 하는 경우는 신고 대상이 아니므로 제외된다.

경기도교육청에서 실시하고 있는
개인과외교습자 알림제

우리 자녀 공부방 선생님, 확인 하셨어요?
아파트 단지내
개인과외교습자
알림제
지금! 해당 교육지원청에 신청하세요!
아파트 단지내 불법 개인과외교습과 입주민의 불편사항 등을 다 함께 해결 할 수 있습니다.
경기도교육청
http://www.goe.go.kr

아파트 단지내
개인과외교습자
알림제란?

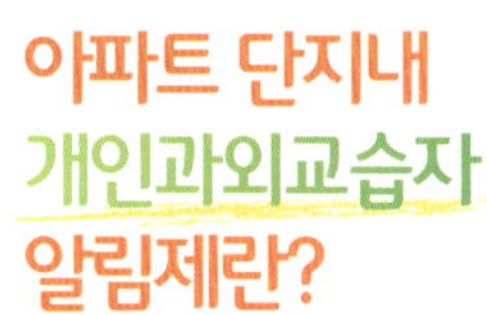
교육지원청과 아파트 관리사무소의 업무공조로 개인
과외교습자의 교습 장소(아파트 호수와 준수사항)를 아파트
단지내 동별 게시판에 게시하여 학부모 및 학생이 개인과외
교습자 신고사항을 쉽게 파악할 수 있는 제도입니다.

관련법령
학원의 설립·운영 및 과외교습에 관한 법률 제2조 3호
학원의 설립·운영 및 과외교습에 관한 법률 제3조
학원의 설립·운영 및 과외교습에 관한 법률 제14조의 2
학원의 설립·운영 및 과외교습에 관한 법률 제22조

개인과외교습자 현황 알림(예시)

○○○동 아파트에 신고한 개인과외교습자는
○○교육지원청에 신고 하였음을 알려드립니다.

○○○호

개인과외교습자의 준수 사항

1. 신고의무 위반자 행정처분
가. 신고하지 아니하거나 또는 허위로 신고하고 과외교습을 한 자
   1년 이하의 실역 또는 벌금 500만원 이하 및 교습중지명령, 고발조치
나. 개인과외 신고자는 신고증명서를 게시하지 않거나, 학습자 또는
   그 학부모의 요청시 이를 제시하지 아니한 자
   과태료 부과
다. 개인과외교습료의 조정명령을 위반한 자
   과태료 부과

2. 금지(불가)사항
가. 강사채용행위 금지 (집단과외 교습행위)
   고발조치 및 1년간 교습행위 금지
나. 같은 시간대 9인 초과 학생과외 금지
다. 신고사항 위반여부 (신고한 교습장소 변경, 교습료 초과징수)

이 게시물은 불법개인과외교습으로 학생 및 학부모의 피해 예방
차원으로 만들어진것을 알려드립니다.

게시문의사항 ○○교육지원청 평생교육진흥지원 ○○○-○○○○

개인과외교습자란?

학습자의 주거지 또는 교습자의 주거지로서 단독주택 또는 공동주택에서 교습료를 받고 과외교습을 하고자 하는 자로서 고등교육법 또는 개별 법률에 따라 설립된 대학(대학원 포함) 및 이에 준하는 학교에 재학중인 학생(휴학생은 제외)을 제외하고는 주소지 관할 교육지원청 교육장에게 신고하는 제도입니다.

추진배경

01 2011년 3월1일부터 사설학원 심야교습시간제한으로 오후 10시 이후에 음성적 불법개인과외 교습 장소로 옮겨 교습

02 아파트내 심야 시간대 층간 소음 발생, 시설물 파손 등 으로 아파트 입주자들의 불편사항 증가

03 불법(미신고) 개인과외교습자의 성범죄 조회 미 실시 로 인한 학생 안전 위협

기대효과

- 심야 시간대의 소음 등 민원 해소
- 해당 아파트 및 관리사무소 이미지 제고
- 불법 개인과외교습자로 인한 학생 및 학부모 피해 예방
- 불법 고액과외 예방
- 건전한 교습문화 정착

업무공조 흐름도

01 **아파트 관리사무소**
입주자대표회의 동의서 교육청에 제출

02 **교육지원청**
동별 개인과외교습자 알림 자료 발송
(월단위 변동사항 재발송)

03 **아파트 관리사무소**
보기 좋은 장소에 부착 (ex:승강기 내부 등)

현 시범운영 실시 아파트

- 오산시 원동e-편한세상아파트
- 오산시 갈곶동 동부아파트, 동부삼환아파트 등

개인과외교습자 신고는 필수!

✓ 개인과외교습을 하려면 신고는 필수!(대학생 및 대학원생은 제외)
✓ 미신고 개인과외교습자는 불법 과외교습으로 1년이하의 징역 또는 500만원이하의 별
✓ 학교에 소속된 교원은 과외금지

지금! 해당 교육지원청에 신청하
아파트 단지내 불법 개인과외교습과 입주민의 불편사항 등을 다 함께 해결 할

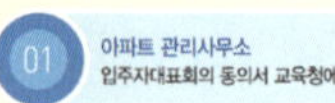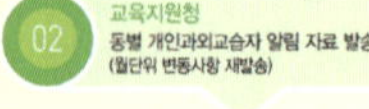

아파트 단지내 개인과외교습자 알림제
지금! 해당교육 지원청에 신청하세요!

교육지원청명	주소	전화번호
경기도교육청	경기도 수원시 장안구 조원로 18	249-0584
경기도교육청제2청사	경기도 의정부시 호국로 1287	820-0549
수원교육지원청	경기도 수원시 장안구 영화동 경수로 972	250-1398
성남교육지원청	경기도 성남 분당구 양현로 20	780-2695
안양과천교육지원청	경기도 안양시 동안구 관평로 210	380-7057
부천교육지원청	경기도 부천시 원미구 길주길147	032-620-0195
광명교육지원청	경기도 광명시 광명로 777	02-2610-0507
안산교육지원청	경기도 안산시 단원구 적금로 134	412-4642
평택교육지원청	경기도 평택시 낙촌로 40	650-1297
군포의왕교육지원청	경기도 군포시 청백리길 17	390-1139
여주교육지원청	경기도 여주군 여주읍 청심로 181번지	880-2349
화성오산교육지원청	경기도 오산시 북삼미로 119	371-0648
광주하남교육지원청	경기도 광주시 광주대로 178	760-4082
양평교육지원청	경기도 양평군 양평읍 양근강변길 126	770-5282
이천교육지원청	경기도 이천시 이섭대천로 1311번길 18	639-5612
용인교육지원청	경기도 용인시 처인구 중부대로 116번길 69	8020-9276
안성교육지원청	경기도 안성시 명륜길 82	678-5232
김포교육지원청	경기도 김포시 관순로 26번길 43	980-1232
시흥교육지원청	경기도 시흥시 정왕동 마유로 446번길 11-2	488-2486
의정부교육지원청	경기도 의정부시 교육청길 17	820-0073
동두천양주교육지원청	경기도 동두천시 중앙로 110-32	860-4344
고양교육지원청	경기도 고양시 일산동구 중앙로 630	900-2894
구리남양주교육지원청	경기도 남양주시 경춘로 520	550-6157
파주교육지원청	경기도 파주시 금정2길 55	940-7232
연천교육지원청	경기도 연천군 연천읍 연천로 356-1	839-0143
포천교육지원청	경기도 포천시 군내면 호국로 1520	539-0031
가평교육지원청	경기도 가평군 가평읍 향교로 17	580-5186

 경기도교육청

경기도 수원시 장안구 조원로 18 (조원동 495)
TEL 031-249-0114 http://www.goe.go.kr

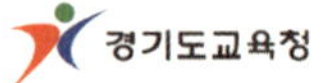

공부방을 운영할 때 사업자등록을 해야 하나요?

🔑 **공부방을 창업하기 위해** 교육청에 가서 개인과외 신고는 쉽게 하는데, 사업자등록을 하는 부분에 있어서는 많은 선생님들이 고민을 한다. 그리고 대부분의 선생님들이 사업자등록을 하지 않는다. 교육청에 신고만 하면 된다고 생각하거나, 교육청에서 알아서 세무서에 통보를 해주어 자동으로 사업자등록이 된다고 생각하는 분들도 있다. 물론 둘 다 옳지 않다.

요즘 공부방의 수요가 날로 급격히 증가하고 있는 추세다. 이에 따라 공부방에 대한 조사도 늘어날 것으로 보인다. 실제로 교육청에서 1년에 두 번(1월, 7월) 학원과 교습소, 개인과외 신고자들의 등록과 변경 등록 사항 등에 관한 내용들을 과세자료제출법에 의해 세무서에 통보해 주고 있다.

그리고 학파라치 때문이라도 교육청에서도 사업자등록을 하라고 안내해 준다. '개인과외 신고만 하면 안전하겠지.'라고 생각하고 있다가 민원이 들어가고 세무서에서 조사가 나오면 부가가치세와 벌금(가산세)을 물어야 한다. '민원이 어떻게 들어가겠어?'라고 생각하는 분들이 있을까봐 몇 가지 예를 들어 알아보자.

학부모들 중에는 연말 정산 때 필요한 영수증을 떼어 달라고 하는 분들이 종종 있다. 그럴 경우 학부모와의 관계가 좋다면 이런저런 설명을 하고 양해를 구하면 된다. 하지만 학생의 부모와 선생님의 사이가 좋지 않은 상태에서 공부방을 그만둔 경우에는 소득 공제를 받기 위해 영수증 확인을 요구하는 경우가 있는데, 이때는 문제가 생길 수 있다. 실제로 이런 사례로 나에게 상담을 해오는 선생님들이 연말에는 꼭 있다.

현금영수증은 사업자등록을 한 사람만 발급이 가능하다. 만약 학부모가 홈피에서 현금영수증 발급 거부에 대한 포상금을 보고 신고하면 정말 답답한 상황에 처할 수가 있다. 가장 위험한 것은 교육청에 개인과외 신고도 하지 않고 공부방을 운영하다가 세무서에서 조사가 들어갈 경우다. 이때는 부가가치세마저 면제되지 않아서 내야 할 세금이 엄청나게 늘어난다는 것을 명심하자.

신고를 하지 않으면 '누군가 신고를 하면 어쩌지?'라고 마음을 졸이며 공부방을 운영해야 하고 홍보를 할 때도 왠지 모를 불안감을 갖게 된다. 따라서 미리 교육청에 개인과외 신고를 하고 세무서에 면세사업자로 사업자등록을 하고 나서 마음 편히 아이들을 가르치는 것이 바람직하다. 그래야 공부방을 하면서 불의에 생길 수 있는 문제에 대해 대비할 수 있고 즐거운 마음으로 공부방을 운영할 수 있다.

사업자등록을
하려면 어떻게
해야 하나요?

이제부터 사업자등록을 하는 절차에 대해서도 알아보도록 하자.

신청 방법: 사업자등록 신청은 공부방 오픈일로부터 20일 이내에 공부방 소재지 관할 세무서의 민원봉사실에 가서 신청하면 된다. 단, 사업자등록은 공부방 사업개시 전에도 신청이 가능하다.

구비 서류

1. 사업자등록신청서 1부(세무서에 비치, 국세청 홈페이지에서 양식 다운로드)

2. 주민등록증 사본 1부

3. 교육청 신고필증 1부

4. 임대차 계약서 1부(월세나 전세 계약을 했을 때 필요. 본인 소유의
   집이라면 필요치 않다.)

처리 과정

접수 → 서류검토 → 결재 → 신고필증 교부

(소요 시간은 30분 이내로 금방 끝난다.)

공부방 사업자등록 기준

공부방 사업자등록을 하게 되면 부가세 면세 사업자로 된다.

(부가가치세는 10%인데, 이 10%의 세금을 내는 경우는 과세 사업자이
고 10%의 세금이 면제되는 경우가 면세 사업자이다. 공부방을 운영할 때
면세 사업자로 인정받아 부가가치세를 면제받기 위해서는 반드시 교육
청에 개인과외 신고를 해야 한다.)

유의사항

• 신청서 작성 시 가장 중요한 것은 업태와 종목을 결정하는 것이다.

• 업태는 교육 서비스, 종목은 과외 교습자(기타 자영업)라고 작성
  한다. (업종 코드 - 940903)

• 사업자등록을 하기 전이라도 공부방 창업에 들어간 비용은 영수
  증을 챙겨두어야 한다. 5월에 종합소득세 신고를 할 때 경비로

처리받을 수 있으므로 영수증을 잘 챙겨두도록 하자. (이것이 세금을 줄이는 방법이다.)

- 사업자등록 신청서는 사업자 본인이 자필로 서명하여야 한다. (만약 대리인이 신청할 경우 대리인과 위임자의 신분증을 필히 지참하여야 하며 사업자등록 신청서에 사업자 본인 및 대리인 모두 인적사항을 기재하고 자필 서명하여야 한다.)
- 사업자등록을 하면 국민연금이나 의료보험료를 따로 내야 한다.

사업자등록을 하면 좋은 점

- 카드 결제기를 설치할 수 있어서 학부모들이 교육비를 낼 때 좋아한다. (특히 처음에 상담하러 왔다가 공부방 등록을 할 때나 공부방을 다니면서 현금이 없어 교육비를 밀리는 분들에게 카드 결제는 편리한 방법이다.)
- 학부모들이 연말에 요구하는 영수증을 끊어줄 수 있다.

사업자 현황 신고 방법

면세 사업자인 공부방은 매년 1월에 사업자 현황 신고를 해야 한다. 이 신고를 근거로 5월에 종합소득세 신고를 해야 하기 때문이다.

교육비는 얼마를
받아야 하나요?

교육비는 얼마를 받으면 좋을까? 공부방을 창업하면서 가장 고민되는 부분의 하나가 바로 교육비 책정 문제다. 남들보다 싸게 받기는 싫고 너무 많이 받으면 학부모들이 부담스러워해서 오지 않을까봐 걱정이 된다.

이런 고민을 하는 선생님들은 그 지역의 학원과 공부방의 수강료를 조사해서 평균 금액을 받는 것이 좋다. 예를 들면 학원이 20만 원, 다른 공부방들은 15만 원, 또 다른 공부방은 13만 원이라고 하자. 그러면 나는 16만 원으로 책정을 하는 것이다.

물론 무조건 평균 금액을 받는 것보다는 다른 곳에서 어떤 형태로 수업을 하는지도 살펴본 다음 남들이 하지 않는 프로그램을 운영한다든지 독특한 학습법이나 관리 프로그램을 가지고 상담을 하는 것이 좋다. 여기서 가장 중요한 것은 양으로 승부하지 말고 질적 경쟁력을 높이도록 노력하라는 것이다.

다른 곳과 비교해서 같은 금액에 더 많은 것을 해주면 부모들이 좋아하겠지라고 생각하면 오산이다. 처음에는 그 부분 때문에 혹해서 왔던 학부모들도 자녀의 성적에 만족하지 못하면 바로 다른 곳으로 옮겨간다. 그냥 옮기는 게 아니고 좋지 않은 소문까지 함께 얹어주고 떠난다. '나는 많은 과목을 해주면서도 성적을 확실히 올려줄 수 있어. 물론 꾸준히 말이야.'라는 것은 너무 오만한 생각이라는 것을 명심하자.

선생님은 초인이 아니다. 즉 많은 학생들에게 여러 가지를 해주면서 성적까지 올리기 위해서는 아침부터 저녁 늦게까지 그리고 주말에도 열심히 수업을 진행해야만 한다. 물론 학생들도 선생님의 말을 잘 듣고 숙제도 잘해오고 학부모들도 선생님에게 적극 협조한다는 조건 하에서 말이다. 처음에 상담할 때는 많은 것을 해줄 것처럼 이야기하고 나서 그 중 한 가지라도 소홀하게 되면 학부모들은 바로 손해를 봤다고 생각한다. 그리고 이때는 학부모들의 신뢰 또한 잃어버리게 되는 것이다.

'나는 할 수 있을 거 같은데.'라는 생각도 하지 마라. 앞에서도 말했듯이 공부방은 자원봉사로 하는 것이 아니다. 자신의 능력껏 열심히 일한 만큼 수익을 올리고 싶어서 선택한 길이다. 노력한 시간에 비해

들어오는 수입이 적다면 결국 어느 순간 열정도 식어가고 지쳐가는 자신을 발견할 수 있을 것이다. 공부방을 잘 운영해 나간다면 학생의 수는 자연적으로 늘어나게 된다. 지금 있는 1~2명의 학생에게 가능하다고 해서 앞으로 가르칠 20~30명의 학생들에게도 가능한 것은 아니라는 말이다.

욕심 내지 말고 차근차근 공부방을 운영해 나가도록 하자. 기본에 충실하면서 꼼꼼하게 지도해 나가는 것이 여러분을 성공하는 공부방을 운영하는 선생님으로 만들어줄 것이다. 그렇게 하면 혹시라도 주위의 다른 학원이나 공부방보다 수강료가 다소 높게 책정되었다 하더라도 학부모들은 다른 곳보다는 해주는 것도(양이 아닌 수업과 관리의 질) 많고 더 좋은 결과를 가져올 것이라는 믿음 때문에 수강료에 대해 크게 말을 하지는 않는다.

교육비 책정 시 주의사항

1. 처음에 교육비를 책정할 때는 신중해야 한다. 나중에 교육비를 올릴 때는 반드시 빠져나가는 회원이 생기기 때문이다. 부모들에게는 1~2만 원의 인상도 굉장히 큰 금액으로 여겨진다.
2. 교육비를 받을 때는 반드시 선불로 받아라. 나중에 주어도 된다는 말은 곧 선생님의 스트레스 거리를 스스로 만드는 결과를 가져온다. 한 번 교육비를 밀리는 학부모들은 습관적으로 교육비를

늦게 낸다. (이때 사업자등록을 낸 선생님들은 교육비를 카드로 받을 수도 있어서 훨씬 수월해질 수 있다.)

3. 교육비 봉투가 나갈 때는 빈 봉투로 보내는 것보다는 정보지나 교육 자료 등을 함께 보내는 것이 좋다.

교육비 봉투에 함께 넣으면 좋은 안내문 예시

4. 교육비 봉투가 나가는 날은 꼭 안내 문자 메시지도 함께 보내도
록 하자. 아이들이 깜빡 잊고 전해주지 않는 경우도 있고 부모들
도 바쁜 나머지 제대로 챙기지 않는 분들이 있기 때문이다. (예:
안녕하세요. 공부방입니다. 교육비 봉투와 안내문이 보내졌으니 확인
부탁드립니다. 감사합니다. ^^)

5. 교육비가 제 날짜에 들어오지 않았을 때는 그날 바로 전화를 하
거나 메시지를 보내면 부모들이 기분 상해할 수 있다. 3~4일이
지나도 교육비를 내지 않을 경우는 '안녕하세요. 공부방입니다.
아직 교육비가 입금되지 않아서요. 확인 부탁드립니다. ^^'라는
멘트의 문자 메시지를 먼저 발송하는 것이 좋다.

6. 교육비는 가능하면 통장을 통해 받는 것이 좋다. 교육비 봉투를
통해 받을 때 혹시라도 돈이 비어 있는 경우 확인 전화를 하면서
서로 간에 오해가 쌓일 수 있고, 아이가 교육비를 가져오다 분실
할 수도 있기 때문이다. 이 점은 처음 상담할 때 학부모에게 이야
기하는 것이 좋다. (물론 후자의 이유를 들어서 말이다.)

홍보 시기는 언제가 좋고, 주의할 사항은 무엇인가요?

공부방 홍보는 오픈하고 나서 시작하는 것보다는 공부방을 오픈하기 한 달 전부터 시작하는 것이 좋다. 대부분의 선생님들이 공부방을 시작하고 나서 홍보를 한다. 그리고 바로 상담 전화가 걸려오지 않으면 초조해하는 경우가 있는데, 이때 불안해하지 않아도 된다. 10개의 공부방 선생님 중 7~8명이 겪는 경험이기 때문이다.

오히려 전단지를 뿌린 후 바로 상담 전화가 걸려오는 게 더 특이한 경우다. 만약 상담 전화가 바로 왔다면 이는 학원이나 경쟁 공부방일 확률이 더 크다. 실제로 상담 전화가 오는 경우도 있는데, 이때는 시험이 끝난 바로 직전이라든지 새 학기를 준비하는 시기이기 때문이다. 따라서 전단지나 홍보를 했다고 해서 바로 연락이 오지 않는다고 속상해하거나 초조해할 필요는 없다는 말을 초보 공부방 선생님들에게 꼭 이야기해 주고 싶다.

만약 공부방을 시작하고 조금이라도 빨리 회원을 모집하고 싶은 선생님들은 공부방을 시작하기 한 달 전부터 홍보를 하는 것이 좋으니 이 점을 미리 알아두자. 그럼 어느 시기에 홍보를 하면 가장 효과가 클까? 학기 중(3월~7월, 8월 말~12월 초)에 학생들이 시험을 보기 전보다는 시험을 본 후에 홍보를 하는 것이 더욱 효과적이다. 더 정확히 말하면 시험 보기 1주일 전부터 시험이 끝난 2주 후까지가 가장 좋은 홍보 시기이다.

시험 성적이 잘 나오지 않았을 경우 이 시기에 많은 학부모들이 학원이나 공부방을 옮기기 위해 알아본다. 이때는 다른 경쟁업체에서도 홍보를 많이 하기 때문에 미리 관리사무소에 가서 게시판 전단지 자리를 확보하는 것도 잊지 말자.

홍보시 고려해야 할 시험일정
- 1학기 중간고사 : 4월 말 ~ 5월 초
- 1학기 기말고사 : 7월 초
- 2학기 중간고사 : 9월 말 ~ 10월 초
- 2학기 기말고사 : 12월 초

그렇다면 1년을 기준으로 가장 홍보하기 좋고 문의가 많이 오는 시기는 언제일까? 바로 '12월'이다. 12월은 기말고사가 마무리되는 달이기도 하지만 새 학기를 준비하는 시기이기도 하다. 그만큼 학원과 공부방에서 이동이 많은 시기다. 이 시기가 되면 학부모들은 지금의 성적과 새 학년 준비에 대해 걱정하게 된다. 이때 그동안의 홍보 노력을 헛되지 않게 하기 위해서는 상담 준비에 많은 시간과 노력을 기울여야 한다. 여러분의 홍보가 단순한 운동이 될지 회원 등록으로 이어질지는 상담 자료와 상담 내용 준비에 달려 있기 때문이다.

홍보할 때 주의할 점

1) 공부방이라는 용어를 홍보 전단지에 사용하면 안 된다.

   (예 : "○○ 공부방"(×), "○○ 과외방"(×), "○○ 교습소"(×),

   "김보미 과외"(○). 공부방은 개인과외로 들어가는 것이기 때문에

   학원을 연상시키는 이름을 사용하면 안 된다.)

2) 전단지에 교육비를 적지 않는 것은 금물이다. (원칙 상 교육비는

   적게 되어 있다.)

3) 홍보지에 긴 장문을 쓰는 것은 피하자. (학부모들이 읽기 불편하

   고 눈에 띄지도 않는다.)

4) 문어발 전단지를 게시판에 붙일 때는 그냥 붙이지 말고 전화번호

   용지를 1~2장 띠고 붙이자. (다른 누군가가 관심을 보이는 것 같

은 효과가 있다.)

5) 홍보 시 성적이 좋은 학생의 이름을 사용할 경우에는 반드시 사전에 부모에게 먼저 허락을 구해야 한다. (자신의 자녀가 홍보 수단으로 사용었다고 생각하면서 기분 상해하는 경우가 있다. 꼭 학생의 이름을 사용하여 홍보를 하고 싶다면 교육비를 50% 할인해 주거나 한 달 교육비를 면제해 주는 혜택을 주자.)

6) 공부방에서는 차량을 운행할 수 없다.

홍보에 사용하면 좋은 물품 알아보기

• 학생의 경우 : 손난로, 부채, 핸드폰 줄, 핸드폰 케이스, 학용품, 보조 가방, 손수건(모든 홍보 물품에는 공부방 이름이나 로고와 함께 연락처가 들어가는 것을 잊지 말자.)

• 학부모의 경우 : 쓰레기 종량제(투명 파일에 공부방 안내 전단지와 함께 넣어서 주면 좋아한다.), 장바구니나 동전 지갑(공부방 이름과 로고를 새기자.)

교재는 무엇을
사용해야 하나요?

공부방 창업을 준비하면서 대부분의 선생님들이 교재에 대한 고민을 가장 많이 한다. 나도 공부방 선생님들에게 "어떤 교재를 사용하고 있나요?"라는 질문을 수도 없이 받았다.

결론부터 말하자면 일반적으로 공부방 선생님들이 많이 사용하는 교재는 다달 교재이다. 다달 교재는 선생님이 진도를 나가기도 좋고 한 달에 한 번씩 학습 결과물을 학부모에게 보여줄 수도 있기 때문이다. 또한 이 교재는 난이도가 중간 정도여서 여러 학생들이 공통적으로 수업하기에 무리가 없다.

그러나 상위권 학생들은 다달 교재만으로 수업하기에는 부족하다. 우선 문제를 푸는 속도도 빠르고 다달 교재를 많이 쉬워한다. 따라서 상위권 학생들에게는 학기 교재를 병행하는 것이 좋다. 학기 교재는 여러 종류가 있는데 학생에 맞게 응용 혹은 심화 교재를 사용하면 되는데, 학교 성적을 잘 받기 위해서는 응용 교재 정도면 충분하다.

하지만 좀 더 높은 수준의 공부를 원하고 특목고를 준비하거나 다른 외부 시험을 준비하기 위해서는 심화나 경시 대비 교재를 풀도록 해야 한다. 여기서 주의할 점은 상담이 끝나고 학생을 받을 때 학부모의 말을 100% 믿고 바로 경시대회나 응용 문제를 풀리겠다고 약속을 하면 안 된다. 최소한 1주일은 가르쳐봐야 그 학생의 수준을 정확히 파악할 수가 있다. 그러므로 부모가 아이가 공부를 잘한다며 경시대회나 응용 수학, 선행 수업을 원한다고 해서 바로 "네."라고 대답하지는 말자. 후에 약속을 지키지 않는 선생님이 될 뿐더러 실력이 없어서 못 가르치는 선생님이라는 억울한 누명을 쓰게 될 수도 있다.

그럼 중, 하위권 학생들은 다달 교재만 풀려도 성적을 향상시키는 데 아무런 문제가 없을까? 아니다. 중위권 학생들도 그에 맞는 학기 교재를 병행시키는 것이 바람직하다. 다만 하위권 학생들은 중, 상위권 학생들이 푸는 학기 교재와는 다른 기본 개념을 좀 더 확실하게 다질 수 있는 교재를 선택해서 학습을 시키자. 하위권 학생들 중에는 다달 교재에 나오는 문제도 어려워하는 경우가 많다.

이 학습 방법은 학부모와 상담할 때도 효과적이다. 즉 다달 교재로 수업을 진행하고 학기 교재는 학생의 능력에 맞추어 1 : 1 맞춤 수업 형태로 진행되는 것이다. 이와 같이 국, 수, 사, 과는 다달 교재와 학기 교재를 병행하는 학습을 진행하도록 하자. 학생들의 성적을 향상시키고 학부모들에게 좋은 호응을 얻을 수 있을 것이다.

영어는 문법, 독해, 파닉스를 위한 교재를 각각 선정하여서 학생들의 수업을 이끌면 된다. 그러나 여기서 다른 곳과는 차별화된 수업을 하고 싶다면 Speaking과 Listening을 중심으로 하는 수업을 진행하는 것이 좋다. 초등학교에서는 많은 학부모들이 독해와 문법이 더 중요한지 듣기와 말하기가 더 중요한지에 대해 의견이 분분하다. 만약 어느 학부모가 여러분에게 이러한 질문을 하면 무엇이라고 대답하겠는가? 이에 대한 답에는 부모들이 충분히 이해할 수 있는 이유가 뒷받침되어야 설득력이 있을 것이다.

바꾸어 말하면 학부모의 "어느 교재로 수업을 하시나요?"라는 말은 "어떻게 공부하는 것이 영어 실력 향상에 도움이 되나요?"라는 의미다. 여기서 더 깊은 의미를 알아보면 "독해와 문법을 중심으로 하는 게 좋을까요? 아니면 듣기와 말하기 중심으로 하는 게 좋을까요? 선생님은 어떤 것이 옳다고 생각하시나요? 저에게 답을 주세요."라는 뜻이다. 너무 어려운가? 그렇지만 어느 과목이든지 학부모의 질문에 대해 맞는 답을 해줄 수 있어야 하는 것이 선생님의 역할이다. 그리고 그 대답의 보충 자료가 되는 것이 교재다. 그러므로 선생님에게 있어 교재 선택은 결국 상담 자료와 학습 방향을 결정하는 것이다.

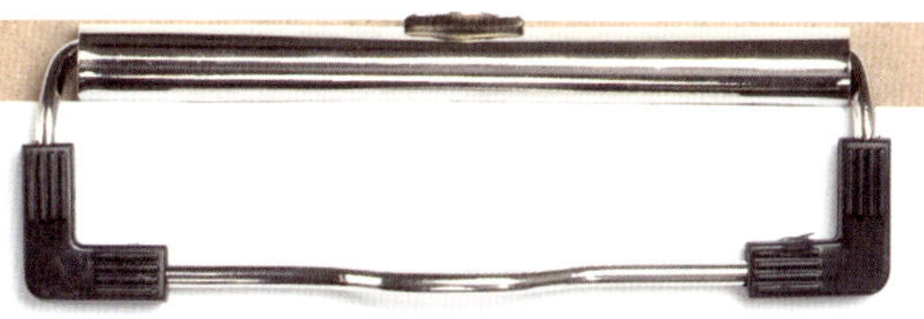

추천 교재 목록(국, 수, 사, 과)

	교재명	출판사
수학(다달)	우등생 해법수학	천재교육
수학(학기)	쌩큐 개념원리	개념원리
	문제집 해법수학	천재교육
	셀파 해법수학	천재교육
연산(초1~6)	기적의 계산법	길벗스쿨
연산(유아~초2)	기탄 수학	기탄교육
국, 사, 과(학기)	우등생 해법 시리즈	천재교육
국, 사, 과(다달)	우등생 평가	천재교육

추천 영어 교재 목록

	교재명	출판사
문법	중학 영문법 연습 3800제	마더텅
	The English Grammar	해외문화
	Hello grammar	천재교육사
파닉스	Phonics cue	Language World
	Smart phonics	EFUTURE
독해	쭉쭉 읽어라	비전
	정말 기특한 구문 독해	능률교육
	Reading starter	Compass
	Reading Expert	능률교육

시간표는 어떻게 짜야 하나요?

공부방을 운영할 때 수업 형태에 따라 수업 시간도 달라진다. 수업의 형태는 크게 두 가지로 나눌 수 있는데, 하나는 그룹 수업 형태이고 다른 하나는 1:1 맞춤 수업 형태다. 이 두 수업 형태의 장점과 단점 그리고 시간표 작성법에 대해 알아보도록 하자.

그룹 수업 형태로 공부방을 운영하기 위해서 시간표를 작성하기 전에 꼭 알아두어야 할 사항은 그 지역 학교의 수업 시간표다. 대부분의 학교들이 비슷하긴 하지만 방과후 학습이 있는 경우는 학생들의 하교 시간이 달라질 수 있고 주위의 다른 학원 시간에 영향을 받을 수 있다.

그룹 수업은 한 타임에 여러 명을 묶어서 수업을 진행하기 때문에 선생님이 학습을 진행하는 데 편하다는 장점이 있지만, 학생들이 정해진 시간에 공부방에 와야만 한다. 그러나 요즘 초등학생들은 생각하는 것보다 훨씬 바쁘기 때문에 시간이 서로 맞지 않는 경우가 많다. 학생들은 공부방만 다니는 것이 아니고 다른 학원들도 다닌다.

초등학생들은 중학생과 달리 예체능 계열의 학원이나 컴퓨터 학원, 타 학습을 위한 학원을 많이 다니기 때문에 시간이 맞지 않아서 공부방에 오기 힘든 경우를 자주 볼 수 있다. 그래서 초기에 학부모와 상담할 때 이 부분에서 많은 선생님들이 고민을 한다. '학생을 받고는 싶은데 정해놓은 시간표에 학생이 오지 못하면 시간표를 바꾸어야 하는 것일까?'라고 말이다.

물론 공부방이 너무 유명해서 꼭 그곳에 보내고 싶어하는 학부모들은 다른 학원의 시간표를 바꾸어서라도 자녀를 보낸다. 하지만 초기의 공부방들은 학생을 놓치지 않기 위해 학부모들의 요구에 맞추어 공부방 시간표를 조절해 준다. 그래서 각 타임 당 6명으로 정해놓은 수업도 1~2명만 모인 형태의 그룹 수업이 되어버리는 경우가 생긴다. 그래서 후에 학생이 늘어나면 시간표에 대한 고민이 다시 생긴다. 다시 말해 시간표가 꼬여버리는 것이다.

사례를 들어 알아보자. 나에게 시간표에 대해 상담을 청해온 A라는 선생님이 있었다. 이분은 전 과목을 가르치기로 결정했는데, 학원에서 오랫동안 강사 일을 해왔던 터라 여러 명을 모아놓고 수업을 하는 데는 자신이 있었다. 그래서 그룹 형태로 수업을 하기로 하고 다음과 같이 시간표를 작성했다.

A 선생님의 초기 공부방 시간표

- 오후 1 : 00 ~ 2 : 00 ⋯ 초등 1학년
- 오후 2 : 00 ~ 3 : 00 ⋯ 초등 2학년
- 오후 3 : 00 ~ 4 : 00 ⋯ 초등 3학년
- 오후 4 : 00 ~ 5 : 00 ⋯ 초등 4학년
- 오후 5 : 00 ~ 6 : 00 ⋯ 초등 5학년
- 오후 6 : 00 ~ 7 : 00 ⋯ 초등 6학년

공부방을 오픈하고 열심히 홍보를 한 A 선생님은 1개월 정도는 상담 전화만 받았고 직접 학부모가 공부방에 찾아오는 건수가 없었다. 초조한 마음이 점점 커지는 가운데 오픈한 지 2개월 즈음 되었을 때 한 어머니가 공부방에 찾아와서 학습 상담을 하고 등록을 하려고 했다. 선생님은 너무 좋아하며 공부방 수업 시간표를 보여주었다. 그런데 "그 시간은 영어 학원에 가야 하기 때문에 힘든데요."라는 것이다. 선생님은 고민이 될 수밖에 없었다. 하지만 그 학생을 놓치기 싫은 마음에 학생이 공부방에 올 수 있는 시간으로 수업 시간표를 변경해 주었다.

다음에 다른 어머니가 상담을 하러 왔는데, 먼저 상담했던 어머니의 학생과 같은 학년이었다. 둘이 묶어서 수업을 하면 좋을 것 같아서 시간표에 대해 말했더니 이번에는 먼저 정해놓은 시간표에는 수업을 받을 수 있지만 앞서 등록을 하고 간 학생이 오는 시간에는 다른 스케줄이 있어서 곤란하다는 것이었다. 하는 수 없이 선생님은 다시 시간표를 조정해 주었다.

그렇게 시간이 흘렀고 공부방에는 기말고사가 끝날 즈음에 상담 건수가 늘어났다. 그런데 상담을 하러 오는 어머니의 학생들 중 일부는 정해진 시간표에 맞게 수업을 받을 수 있고 일부는 시간이 맞지 않아서 공부방에 다니기 힘들 것 같다고 말했다.

그래서 선생님은 고민 끝에 아직은 학생이 많지 않으니까 각각의 요구에 맞추어 시간표를 변경해 주기로 했다. 그러자 시간표가 꼬이기 시작했다. 결국 한 타임 당 원하는 그룹 수업은 할 수가 없고 각자 개인 과외 형태로밖에는 수업을 할 수가 없었다. A 선생님은 시간표 때문에 심한 스트레스를 받게 되었고 수업을 이끌어 나가는 데도 점점 지쳐가고 있다고 나에게 하소연을 해왔다.

일단 그룹 형태로 수업을 하기로 정하면 초기에 학생들을 모집하는 것에 연연하여 시간표를 무조건 학부모의 요구에 맞추어주면 안 된다. 학생들을 그룹 수업으로 이끌어가려면 선생님이 학부모에게 휘둘리지 않고 시간표를 조절할 수 있어야 한다. 한 사람 한 사람 각자의 요구를 들어주다 보면 수업 시간이 엉키게 되고 결국 그에 대한 스트레스는 고스란히 선생님의 몫이 되기 때문이다.

만약 초기에 어쩔 수 없는 상황으로 시간표를 조정하게 된다 하더라도 "지금은 오픈 초기라서 시간표를 바꾸어줄 수 있지만 후에 학생들이 들어와서 그룹 수업 형태로 묶이게 되면 시간표가 변경될 수 있습니다. 그때는 협조 부탁드려요."라고 부탁하는 것을 잊지 말자. 그래야만 시간표를 변경할 때 그나마 협조를 구할 수 있고 선생님을 원망하는 소리를 덜 들을 수 있다. 그러므로 학부모와 어떤 약속을 할 때는 후에 일어날 수 있는 힘든 상황을 고려한 뒤 이를 해결할 수 있는 구멍을 미리 만들어놓아야 한다.

1:1 맞춤 수업 형태는 학생들이 자유롭게 편한 시간에 와서 학습을 할 수 있다는 장점이 있다. 또한 학부모들도 1:1로 자녀를 코칭해 준다는 것 때문에 많이들 좋아한다. 하지만 1:1 코칭 수업은 어느 한 시간에 학생들이 너무 많이 몰려서 오히려 수업을 진행하는 데 어려움이

생길 수 있다. 따라서 1:1 맞춤 수업이기 때문에 편한 시간에 와서 학습을 하라고 하는 것 또한 일부 제약이 생기는 것이다.

너무 자유로운 시간에 오다 보면 여러 학년의 학생들이 한꺼번에 몰려와서 수업을 진행하기 힘든 경우가 발생할 수 있으므로 학년별로 시간을 정해주는 것이 좋다. 예를 들면 1학년과 2학년은 1시~3시 사이, 3학년과 4학년은 3시~5시 사이, 5학년과 6학년은 5시~7시 사이에 오도록 말이다.

그리고 또 한 가지 학생마다 개별 학습 코칭이 들어가야 하기 때문에 선생님이 너무 바쁘고 힘들게 된다. 공부방에 오는 학생을 한 명 한 명 그날의 학습 내용과 숙제를 정해주고 틀린 부분을 설명해 주어야 하기 때문에 선생님이 굉장히 바쁜 상황에 놓일 수 있다. 다시 말해 선생님은 시간에 쫓기어 학생들의 교재를 채점하는 아르바이트생이 될 수 있다.

그래서 이런 경우에는 학생별로 학습 진행 계획표를 만들어 수업을 진행하는 것이 좋다. 그래야만 각 개인별로 학습 내용을 체크할 수 있고 부모와 상담할 때도 1:1 학습 성과를 제대로 보여줄 수 있다.

공부방 창업 시 필요한 물품에는 무엇이 있나요?

공부방을 운영하고는 싶지만 비용이 부담스러워서 창업을 망설이는 분들이 있다. 이 경우는 현재 가진 돈이 거의 없어서 집에서 작게 공부방을 시작하고 싶어하는 분들이 대부분이다. 그런데 인터넷 공부방 카페에 들어가면 보통 창업비용이 200~300만 원 필요하다는 글들을 보게 된다.

프랜차이즈 회사에 가서 상담을 받아보아도 초기 공부방 창업비용이 최소 몇 백만 원은 든다고 말한다. 이런 분들에게 나는 이런 말을 해주고 싶다. 공부방을 창업하면서 모든 물품을 다 구입하려고 애쓰지 않아도 된다. 그러다 보면 준비할 게 많아지고 자연히 창업비용이 늘어나게 된다. 후에는 그 창업비용을 벌기 위해 학생 수에 집착하는 경우도 생기므로 우선 가장 필요한 것부터 준비하자.

다음 표는 공부방을 운영할 때 필요한 물품들을 순서대로 나열한 것이다. 이 표를 보고 꼭 필요한 물품을 체크하고 이에 맞게 창업을 준비하도록 하자.

▲ 교무실이라는 문패를 붙여두면 상담할 때 학부모에게 전문적인 공부방 이미지를 심어줄 수 있다.

▲ 좌식형으로 학생들이 앉아서 학습(자습)을 할 수 있도록 꾸민 공부방 모습이다. 거실에는 감독 및 채점을 할 수 있도록 선생님용 책상과, 집중을 잘하지 못하는 학생을 앉힐 수 있는 학생용 의자도 있으면 좋다.

▶ 학생들이 편하게 물을 마실 수 있도록 가급적이면 정수기를 설치하고, 물컵은 3~4시간에 한 번씩 씻은 컵으로 교체해 주는 것이 좋다.

공부방 창업에 필요한 구입 물품 I

순서	구입 물품	구입 비용	구입처&연락처
1	교육비 봉투		
2	채점 펜(빨간펜)		
3	보드 마커		
4	A4 용지		
5	선생님용 실내화 (약간 굽이 있는 것도 좋다.)		
6	물컵(학생용)		
7	기본 학용품		
8	대형 휴지통(거실)		
9	화장실 미끄럼 방지판		
10	화분(공기청정기능)		
11	상담 파일		
12	가계부(공부방 장부)		
13	테스트용 시험지		
14	우산꽂이		

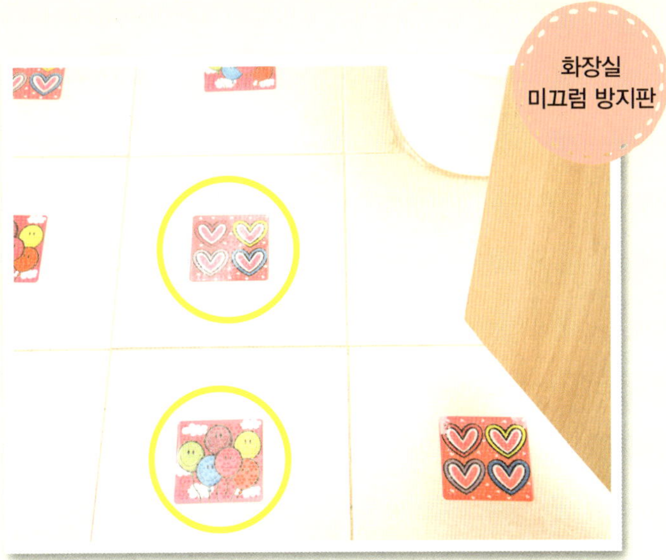

여러 종류의 모양이 있으니 골라서 예쁘게 붙이기만 하면 된다. 저학년을 중심으로 하는 공부방에는 꼭 필요한 물품이다. 아이들이 화장실에서 미끌어져 넘어지는 사고가 일어나지 않게 하는 필수 구입물품이다.

학생용 물컵은 플라스틱으로 된 컵을 준비하는 게 좋다.

공부방 창업에 필요한 구입 물품 II

순서	구입 물품	구입 비용	구입처&연락처
1	책상		
2	의자		
3	칠판		
4	컴퓨터		
5	게시판		
6	복합기		
7	정수기		
8	청소기		
9	책장		
10	전화기		
11	냉장고		
12	시계		
13	에어컨		
14	제본기		

※ 공부방 창업에 필요한 구입 물품 목록을 조사해 가면서 준비해 보자.

프랜차이즈로 해야 할까요? 개인으로 해야 할까요?

실제로 공부방 창업을 준비하는 분들이 가장 크게 고민하는 것 중 하나가 개인 공부방으로 할 것인지, 프랜차이즈 공부방으로 할 것인지를 결정해야 하는 일이다. 둘 중에 무엇이 더 좋다고 단정 지어 말할 수는 없다. 개인 공부방과 프랜차이즈 공부방의 장단점을 알고 신중하게 선택을 하는 것이 좋다. 이 선택 사항으로 초기 공부방 창업비용이 달라질 수 있고, 몇 년 후 운영 형태를 바꾸려고 할 때 큰 골칫거리가 될 수 있음을 명심하자.

요즘은 개인 공부방의 수가 점점 늘어나고 있는 추세다. 공부방을 처음 시작할 때는 학생 모집과 학습 프로그램에 대한 고민 때문에 프랜차이즈를 선택하는 분들이 많다. 하지만 1~2년 정도 공부방을 운영하다 보면 나름대로 노하우도 쌓이게 되고 프랜차이즈 본사로 나가는 돈에 대한 부담감 때문에 개인 공부방으로 바꾼다.

개인 공부방으로 운영하고 싶은데 학생을 모집하는 방법이나 학습 프로그램을 어떻게 해야 할지 고민되는 분들은 공부방 설명회나 세미나를 찾아다니면서 노하우들을 배우고 그것을 활용해 나만의 프로그램을 만들자. '공부방 창업은 프랜차이즈로 운영을 해야 성공할 수 있다.'라는 생각은 버리는 것이 좋다. 만약 이 생각이 옳다면 현재 프랜차이즈 공부방을 운영하는 선생님들은 모두 다 성공적으로 공부방을 운영해야 하고 그 결과 각 프랜차이즈들도 그 수가 점점 증가해야만 한다. 하지만 현실은 그렇지가 않다. 결국 공부방을 성공적으로 운영하는 것은 프랜차이즈의 힘이 아니고 선생님 자신의 힘이기 때문이다.

그래도 처음부터 개인 공부방으로 운영할 자신이 없는 분들은 다음의 프랜차이즈 가맹 시 고려할 점을 잘 읽어보고 자신에게 도움이 되는 공부방 프랜차이즈를 올바로 선택할 수 있도록 하자.

프랜차이즈 가맹 시 고려할 점

1) 회사의 규모

본사의 규모는 프랜차이즈를 선택할 때 고려해야 할 사항 중 가장 중요한 요소다. 지금처럼 공부방 시장이 활기를 띠는 상황에서도 하루 만에 문을 닫는 회사가 있는가 하면, 가맹비와 보증금을 수익으로 생각하며 운영하다가 외부적인 교육 변화와 환경에 적응하지 못하고 재정난에 허덕이는 회사도 많다. 그래서 프랜차이즈를 선택할 때 본사가 얼마나 튼튼한 회사인지, 교재 연구와 교육 환경 변화에 얼마나 적극적으로 대처하는지, 회사의 이미지는 어떤지 잘 판단해야 한다.

2) 브랜드의 신뢰도

'아웃백'이라고 하면 굳이 패밀리 레스토랑이라는 말이 들어가지 않아도 누구나 패밀리 레스토랑이라는 걸 알듯이 브랜드만 보고도 '영어 학원이구나.'라고 누구나 알 수 있는 것이 브랜드의 힘이다. 브랜드는 학부모에게 처음으로 심어주는 이미지와 결부된다. 브랜드의 신뢰도가 낮거나 관리가 잘되어 있지 않다면 개인 공부방을 운영하는 것과 별반 차이가 없다.

반드시 공부방 프랜차이즈 브랜드에 대해 내, 외부적으로 자세히 조사할 필요가 있다. 프랜차이즈를 선택하기 전에 많은 정보 수집은 필수라는 점을 꼭 기억하자. 자신의 발품을 팔아 그 프랜차이즈에 대한 신뢰도를 조사하도록 하자. 본사 말만 믿고 프랜차이즈를 선택하는 것은 다른 사람의 도움으로 공부방을 성공시키고 싶다는 것과 마찬가지다. 실제로 공부방을 운영하는 것은 선생님 본인이다. 그러므로 프랜차이즈로 창업을 하기로 마음먹었다면 사전 조사에 들어가는 시간과 노력을 아끼지 말자.

3) 본사의 영업 지원 정책

프랜차이즈 가맹 시에는 가맹비와 보증금이 들어간다. 그 가맹비와 보증금이 얼마나 비싼가 하는 것은 본사가 가맹비만큼 얼마나 많은 지원을 공부방에 해줄 수 있느냐를 보고 결정할 사항이다. 물론 요즘은 가맹비와 보증금이 없는 프랜차이즈도 상당히 많다. 가령 100만 원 가맹비에 지원이 미비하다면 그 가맹비는 비싼 편이고, 500만 원에 지원 내역이 많고 지속적으로 공부방을 관리해 준다면 그 가맹비는 적당하다는 것이다.

선생님 교육에서부터 초기 운영 방법, 물품, 지속적인 카운셀링, 향상 교육, 영업 지원, 광고 등 처음에 계약할 때만 사탕 발린 말들을 하는 본사가 아닌 지속적이고 꾸준한 지원을 받을 수 있는가를 조사해야 한다.

계약서의 문구 또한 자세히 확인해야 한다. 나중에 개인 공부방으로 돌리고자 할 때 제약을 가하는 문구가 계약서에 명시되어 있으므로 이 부분에 대해서는 조심 또 조심하는 것이 좋다. 계약서의 내용 중 조금이라도 의심이 가는 부분이 있으면 꼭 짚고 넘어가도록 하자. 어느 한 부분이라도 찜찜한 구석이 있다면 계약을 하지 않는 게 좋다.

4) 온라인 학습의 유무

교육 정책의 변화로 현재 e-book이 출시되고 온, 오프라인의 연계학습이 시작되고 있다. 이에 따라 공부방에서도 오프라인 수업 후 온라인 수업이 이루어져야 한다. 물론 온라인 콘텐츠는 오프라인 수업과 별개가 아니라 공부방에서 배웠던 내용을 예습, 복습 하는 형태로 이루어져야 한다. 온, 오프라인이 별개의 콘텐츠로 존재하면 학습효과도 떨어질 뿐더러 학생들은 흥미를 잃고 기피하게 된다. 이는 교육 정책의 변화에 본사가 더 빨리 적응하고 변화해야 한다는 뜻이다. 또한 이에 대한 교육을 공부방 선생님에게 정기적으로 해주는지도 알아봐야 할 부분이다.

5) 교재의 우수성

프랜차이즈 공부방의 성공은 본사의 교재 연구에도 영향을 받는다. 본사에서는 가맹 공부방들에 새로운 교과 정책을 반영하고 학년별, 수준별 학습 교재를 제공할 수 있어야 한다. 물론 교재를 직접 보고 풀어보는 게 좋다. 대충 훑어보기만 하면 교재에 대한 정확한 분석이 어렵기 때문이다. 프랜차이즈 본사는 공부방에 교재를 파는 데 목적을 두는 것이 아니라 교재 연구에 심혈을 기울여 더 나은 교재를 제공하기 위해 노력해야 한다. 따라서 프랜차이즈를 선택하기 전 교재 점검은 필수다. 그러나 프랜차이즈 본사에서 제공되는 교재만으로 학생들을 가르치는 데는 부족함이 있다. 그러므로 반드시 시중 교재와 병행하거나 프린트 물을 적극 활용해서 수업을 진행해 나가는 것이 중요하다.

6) 사업개시 후 관리의 유무

프랜차이즈 공부방은 절대 혼자 운영하는 공부방이 아니다. 교재를 사용하고 가맹비를 지불했기 때문에 본사가 뒤에서 든든한 버팀목이 되어 지속적으로 관리를 해주어야 한다. 공부방의 인원이 늘지 않으면 본사에서는 카운셀링을 통해 선생님과 함께 영업에 대해 논의하고, 그만두는 학생들이 많으면 공부방 운영 관리에 대해 새로운 교육을 해야 한다.

이처럼 사업개시 후 본사는 프랜차이즈 공부방에 대해 관리, 교육을 통하여 win-lose game이 아닌 win-win game을 해야 한다. 물론 선생님들도 본사에서 제공하는 교육에 빠지지 않고 참석하여 열심히 배워야 한다. 더 효과적인 것은 외부 공부방 강의를 찾아다니는 것이다. 남들이 가지고 있는 장점을 배우고 내 것으로 만드는 것이야말로 최근 빠르게 성장하고 있는 공부방 교육 시장에서 성공할 수 있는 방법이기 때문이다.

프랜차이즈를 선택하기 전 최소 한 달 이상은 자료를 수집하고 다른 사람들에게 조언을 구하는 것이 좋다. 무슨 일이든 단독으로 빠르게 진행하고 나면 후에 반드시 문제가 생기는 경우가 많기 때문이다.

프랜차이즈의 장점을 파악하는 것도 중요하지만 단점도 알아두어야 한다. 그 단점들을 보안해 가면서 운영할 수 있는가를 진지하게 고민해 보자. 만약 그 단점들을 극복해 낼 수 있다면 여러분은 분명 그 프랜차이즈 회사를 대표하는 공부방 선생님이 될 수 있다.

학부모와 학생들이 싫어하는 공부방 유형은 어떤 건가요?

공부방을 운영하면서 나름 열심히 지도하는데 '왜 학생들은 자꾸 빠져나갈까?'라든지, '왜 학생들이 빨리 늘지 않을까?'라는 고민을 해본 적이 있는가?

나도 처음부터 학부모나 학생들이 모두 좋아하는 공부방을 운영해 나갔던 건 아니다. 학부모들의 마음을 사로잡으면서 학생들의 마음을 움직이기까지 여러 가지 노력을 많이 했다. 어떻게 하면 학부모와 학생들 모두 좋아하는 공부방을 만들 수 있을까?

우선 학부모와 학생들이 싫어하는 부분을 찾아야 한다. 그리고 그 부분을 고쳐야만 비로소 성공하는 공부방을 운영할 수 있는 것이다. 이제부터 이야기하는 노하우는 오랜 시간 동안 직접 공부방을 운영해 보지 않은 분들은 모르는 부분들이다.

만약 창업을 준비하는 분들이라면 이런 실수를 하지 않도록 주의하면서 공부방을 운영해 나가길 바란다. 실제로 내가 공부방을 운영해 오면서 겪은 시행착오와, 이제껏 만나본 여러 공부방 선생님들이 겪은 실수를 통해 얻은 귀중한 정보이므로 꼭 참고하길 바란다.

학부모가 싫어하는 공부방 유형

1) 아이가 다 푼 문제집을 집에 보내지 않는 공부방

선생님들은 교재 구입비를 어떻게 받는가? 대부분의 부모들이 공부방 비용에 포함해서 내거나 따로 교재비를 낸다. 그럼 결국 학생들이 푼 교재는 학부모들이 돈을 내고 구매한 문제집이다. 그런데 어떤 분들은 교재를 다 풀리고 나면 이를 부모에게 보내지 않고 선생님이 가지고 있다가 재활용 분리수거를 하거나, 심지어 폐지를 사는 고물상에 파는 분들도 있다.

의외로 이 부분에 대해 크게 불만을 가지고 있는 부모들이 많다. 비록 집으로 교재를 보내도 부모가 자세히 보지 않는다 하더라도 학생들이 다 푼 교재는 반드시 부모에게 보내고 확인을 받는 것이 좋다. 왜냐하면 교재를 집으로 보내지 않으면 부모들은 '교재를 제대로 사서 풀리는 것일까?', '교재를 정확히 풀리면서 수업은 하는 건가?'라는 의심을 하게 된다. 그렇게 되면 학부모들의 신뢰를 얻을 수 없게 된다. 별일 아니라고 생각하는 분들도 있겠지만, 실제로 이러한 경우 때문에 곤란을 겪은 사례도 있다.

공부방을 운영한 지 8개월쯤 되는 어느 초보 공부방 선생님의 이야기다. 선생님은 여느 때와 마찬가지로 문제를 다 풀리고 난 후 분리수거 할 때 교재를 버렸다. 그런데 그로부터 몇 달 후 공부방에 다니면서 성적이 크게 오르지 않은 한 학생의 어머니에게 전화가 왔다. 그분은 동네에서 어린이집을 운영하고 있었는데, 이제껏 아이가 푼 교재를 보여 달라고 했다. 선생님은 당황할 수밖에 없었다. 학기가 지나서 교재를 모두 버린 상태였기 때문이다.

선생님은 할 수 없이 학기가 지나서 교재를 다 버렸다고 솔직하게 말했다. 그랬더니 그 어머니는 "왜 아이가 푼 교재를 보여주지도 않고 막 버리세요? 진짜 다 풀리긴 하신 거예요?"라면서 선생님에게 따져 물었다. 결국 아이는 공부방을 그만두었고 소문이 동네에 퍼지게 되었다. 그 후로 한 동안 선생님은 공부방에 오는 아이들의 학부모에게 해명을 하느라 진땀을 흘렸다고 한다. 작은 실수 하나 때문에 그 선생님은 몇 달간 좋지 않은 소문 속에서 공부방을 힘들게 운영할 수밖에 없었다.

이러한 일은 어느 선생님이나 겪을 수 있는 이야기다. 그러니 교재를 모두 풀린 후에는 반드시 교재를 집으로 보내어 확인을 받자. 큰 문제로 여기지 않았던 부분이 후에 어떤 불씨가 되어 선생님에게 되돌아올지 모를 일이기 때문이다.

2) 교재에 있는 문제를 다 풀지 않는 공부방(응용 or 심화)

상담을 하러 오는 학부모에게 전에 학생이 다녔던 학원이나 공부방의 흠을 보는 방법은 상담을 성공으로 이끄는 방법 중 하나다. 물론 이때 주의할 점은 너무 티 나지 않게 흠을 보아야 한다. 그럼 어떻게 하면 될까?

나는 공부방에 상담을 오는 학부모에게 이제껏 학생이 풀었던 교재를 가지고 와 달라고 부탁한다. 그 교재를 살펴보면 풀리지 않고 그냥 넘어가는 문제들이 꼭 있다. 그 문제들을 보면 응용이나 심화 문제인 경우가 대부분이다. 그러면 이 부분을 학생이 푼 테스트지와 연결해서 이야기한다.

우선 "여기 풀지 않고 넘어간 부분들이 있네요. 여기는 왜 안 풀린 건가요?"라고 되물어라. 그러면 부모들은 "바로 그 부분이 불만이에요."라고 말하거나, 아니면 "모르겠네요. 왜 안 풀렸지?"라고 말하면서 그제서야 교재를 살펴본다. 후자 쪽의 경우 학원이나 공부방에 자녀를 맡기고 학습에 크게 신경을 쓰지 않고 있다가 성적이 나왔을 때만 점검을 하는 경우가 많다. 이때 선생님은 가볍게 "응용이나 심화 문제라서 그냥 넘어갔나 보네요. 푸는 데 시간이 많이 걸리다 보니 그런 것 같아요. 그래도 이런 문제를 많이 접해봐야 하는데……. 보시는 대로 응용 문제에서 틀리네요. 이런 문제는 학생 스스로 자꾸 풀어보아야 실력이 빨리 늘어요."라는 정도의 멘트만 던져도 벌써 90% 이상은 공부방을 옮길 생각을 굳힌다.

영어도 마찬가지다. 테스트를 한 후 영어 교재를 살펴보고 학생 스스로 독해를 하지 않았거나 필기가 전혀 되어 있지 않고 답만 씌어 있는 교재는 그 부분을 지적하면서 학생의 테스트 결과와 연결 지어서 상담을 이끌어가면 된다.

이 글을 읽으면서 아차 하고 무릎을 치는 분들이 있는가? 그렇다면 지금부터는 교재에서 풀리지 않고 넘어가는 부분이 없도록 주의하면서 학생들을 지도하자. 교재에서 풀지 않고 넘어가거나 학생이 공부한 흔적이 남아 있지 않은 교재를 부모가 본다면 어떤 마음이 들겠는가? '이제껏 대충대충 가르쳤구나.' 하는 불만을 가지게 될 것이다. 이런 부분에서 학부모들의 불만을 사지 않도록 주의하자.

3) 채점을 엉터리로 하는 공부방

회원이 늘어나면 학생들이 푼 교재를 채점하는 데 많은 어려움이 따른다. 그래서 어떤 선생님들은 채점 교사를 따로 두고 공부방을 운영하는 분들도 있다. 그러나 공부방에서 채점 교사를 두는 것은 불법이다.

채점을 할 때 채점 교사가 하는 경우나 선생님이 직접 채점을 하더라도 가르치는 학생들이 많으면 채점을 하면서 실수가 나올 수 있다.

물론 나도 이런 실수를 한 적이 있다. 특히 사회, 국어, 과학 과목을 채점할 때 말이다. 객관식 문제에서 실수를 하는 경우는 거의 없지만, 주관식 중에서도 서술형을 채점할 때는 주의해야 한다. 채점해야 할 교재는 많고 시간은 없고 학생이 쓴 글씨는 너무 알아보기도 힘들고 해서 서술형을 대충 읽고 채점을 한 경우가 나도 있었다. 우선 나의 실수담에 대해 먼저 이야기해 보겠다.

나는 한 학생이 푼 서술형 답 중 말이 좀 앞뒤가 맞지 않는 부분이 있었는데 미처 보지 못하고 맞다고 채점한 일이 있었다. 후에 교재를 집에 보냈는데 어머니가 그 부분을 찾아냈고 나는 정말 죄송하다고 사과를 한 일이 있었다. 물론 그런 경우가 처음이었기 때문에 다행히 어머니가 이해하고 넘어가 주었지만 큰 문제로 발전될 수도 있었다.

'에이, 사람이 하는 일인데 그게 어떻게 큰 문제가 돼?'라고 생각하는 분이 있을지도 몰라서 이와 관련된 사례에 대해 좀 더 이야기하겠다. 이 선생님은 학생들이 너무 많아서 채점 교사를 두고 공부방을 운영하는 분이었다. 그 채점 교사는 한꺼번에 학생들이 가져오는 교재를 빨리 채점해 주느라 꼼꼼히 채점을 하지 않는 경우가 자주 있는 편이었다.

그런데 한 학생의 아버지는 자녀가 공부방에 다녀오면 항상 교재를 검사했다. 아이가 공부방에서 무엇을 배웠고 숙제는 무엇인지 체크하는 분이었던 것이다. 어느 날 그분이 교재에서 잘못 채점된 부분을 찾아내셨다. 처음에는 선생님의 실수라고 생각하고 그냥 넘어가셨다고 한다. 그러나 그런 실수가 자주 발생하게 되었고 결국 공부방을 찾아오셨다.

그 학생의 아버지는 6개월 동안 자녀가 푼 교재를 모두 보여주면서 잘못 채점된 부분을 선생님에게 따졌다. 그리고 6개월 동안 아이가 잘못 배운 부분에 대해 손해 배상을 청구하겠다고 말했다. 6개월 동안의 수강료와 교재비, 그리고 정신적 손해 배상까지 말이다.

이 사건 때문에 그 공부방은 학부모들의 신뢰를 잃게 되었고 결국 문을 닫고 말았다. 선생님이 직접 채점한 것은 아니지만 채점 내용을 검토하지 않은 것은 분명 선생님의 잘못이었기 때문이다.

이렇게 채점 결과 하나가 잘 운영되고 있던 공부방을 순식간에 망하게 할 수도 있다. 그렇기 때문에 이 글을 읽는 모든 선생님들은 학생들이 푼 교재를 채점할 때 좀 더 세심한 주의를 기울이도록 하자.

4) 아이에게 함부로 말하는 공부방(차별, 꾸중 등)

부모들이 가장 속상해하는 부분이 자신의 아이에 대해 함부로 말하는 것이다. 아무리 아이가 부족하다고 해도 남이 자신의 아이를 안 좋게 이야기하는데 기분 좋은 부모가 세상에 어디 있겠는가? 자신은 비록 아이를 혼내고 안 좋은 점을 이야기하더라도 남이 그런 이야기를 하면 부모는 기분 나빠한다. 그런데 아이를 안 좋게 이야기하고 혼내는 사람이 선생님이라면 부모는 한편으로는 이해를 하면서도 다른 한 편으로는 기분이 상하게 된다.

아이가 공부를 하는 데 집중을 못하거나 장난을 쳐서 또는 숙제를 안 해와서 선생님이 체벌을 했다고 하자. 부모는 아이의 잘못이기 때문에 선생님에게 직접 뭐라 말하지는 않겠지만 기분이 좋을 리는 없다. 마음 한 구석으로는 선생님에게 섭섭한 마음을 가지게 되는 것이다. 그러므로 아이가 잘못을 하는 경우가 있더라도 아이에게 상처가 될 만한 말이나 체벌은 가급적 피하도록 하자.

아이에게 상처가 되는 말

- 이것도 모르니?
- 넌 왜 매일 그 모양이니?
- 핑계도 좋다. 선생님이 널 어떻게 믿니?
- 시끄럽고, 어서 하기나 해.
- 넌 집에서도 이러니?
- 너를 보면 너희 엄마도 진짜 피곤하시겠다.
- 똑바로 못하니? 왜 매일 엉터리로 하니?
- 어디 가서 여기 다닌다고 말하지 말아라.
- 너 가르치는 거 진짜 힘들다.

5) 수업을 빠졌는데 나중에 보강해 주지 않는 공부방

학부모에게 아이가 공부방에서 공부하는 시간은 돈과 같다. 그런데 그 수업 시간 중 일부를 빼먹었는데 선생님이 수업을 해주지 않으면 부모들은 당연히 돈이 아깝다는 생각을 한다.

그러므로 학생이 결석하는 일이 생겼을 때는 가급적이면 보강을 해서 수업을 받게끔 해주는 것이 좋다. 물론 아이가 공부방을 빠진다고 해서 모두 보강을 해주라는 뜻은 아니다. 어떤 부모들은 이런저런 사정을 이야기하면서 시간을 제대로 지키지 않으면서 항상 보강을 해달라고 하는 경우도 있다. 이런 경우는 일부분에 대해서만 보강을 해주는 것이 좋다.

6) 시간 약속을 지키지 않거나 시간표가 자주 바뀌는 공부방

공부방을 처음 시작했을 때 아직 학생 수가 많지 않아서 학생들이 편한 시간으로 조정해서 수업을 하는 경우가 있다. 그러다 학생 수가 많아지면 간혹 선생님들은 기존에 다니고 있는 학생들에게 시간표를 옮기면 어떻겠느냐고 양해를 구하는 일이 생긴다. 물론 한두 번 정도는 부모들도 이해를 해준다. 하지만 이런 일이 너무 자주 발생하면 부모들도 기분이 상하게 된다.

또한 선생님의 개인 사정으로 수업 시간을 변경하거나 수업 날짜를 변경하는 경우도 마찬가지다. 가급적이면 선생님은 한 번 정해진 수업 시간에 대한 약속은 지키는 것이 좋다. 그래야만 부모들도 선생님이 정한 시간표에 맞추기 위해 노력하기 때문이다.

7) 자녀의 성적이 오르지 않는 공부방

이 경우는 굳이 길게 설명하지 않아도 모든 선생님들이 알고 있는 부분이다. 부모들은 자녀의 성적을 올리기 위해 공부방에 보내는 것이다. 그러나 집에서 부모가 직접 가르칠 때와 성적이 비슷하거나 다른 곳에 보낼 때보다 성적이 떨어지면 그 공부방에 자녀를 보낼 이유는 없어진다.

그러므로 공부방을 성공적으로 운영하기 위해 가장 중요하게 생각하고 신경 써야 할 부분은 바로 '성적'임에 명심하자. 그리고 학생들의 성적이 꾸준히 상위권을 유지할 수 있도록 최선을 다해 지도해야 함을 잊지 말아야 할 것이다.

학생들이 싫어하는 공부방 유형

1) 질문을 했는데 짜증을 내면서 가르쳐주는 공부방

학생이 질문을 했는데 선생님이 짜증을 내면서 가르쳐주면 학생은 더 자신감이 없어지고 선생님을 멀리하게 된다. 선생님은 짜증을 낸 것이 아니라고 생각해도 학생들은 선생님의 말투 하나 표정 하나에도 민감하게 반응한다는 것을 잊지 말자.

2) 숙제를 너무 많이 내주는 공부방

숙제를 좋아하는 학생은 없다. 그렇다고 공부방에서 숙제를 내주지 않으면 진도를 나가는 데 어려움이 많다. 그럴 때는 학생이 할 수 있는 분량을 적절히 조절해 줄 필요가 있다. 모든 학생들에게 같은 양의 숙제를 내주기보다는 학생의 능력에 맞추어 숙제를 조절해 주는 센스를 가진 선생님이 되어야 한다.

3) 무조건 외우라고 가르치는 공부방

수학, 사회, 과학, 국어, 영어를 공부할 때 암기가 필요한 부분이 있다. 하지만 학생들에게는 새롭게 배우는 내용이기 때문에 이해가 되지 않는 부분이 많다. 그런데도 일부 선생님들은 무조건 중요하다면서 외우라고 강요한다. 이런 선생님들은 학생의 입장에서는 잘 못 가르치는 선생님이 되고 만다.

외우기 싫어서가 아니고 정말 무슨 말인지 이해가 되지 않아서 못 외우는 아이들도 있다. 그러므로 아이들이 어렵다고 이야기하거나 질문에 쉽게 답하지 못할 때는 반복적으로 설명을 해주더라도 아이가 충분히 이해한 후 암기를 시키도록 하자. 그냥 외우라고 하는 것보다 2~3번 되풀이하여 설명해 준 다음 외우게 하는 것이 암기 속도도 빠르고 학생의 성적 향상에도 큰 도움이 된다.

4) 명령조로 가르치는 공부방

선생님 중에는 학생들 위에 군림하고자 하는 분이 있다. 그래서 이런 분들은 학생들에게 "~해라. ~해."라는 식의 말투를 자주 사용한다. 아무리 나이 어린 학생이라 할지라도 이런 식의 말투는 기분 나쁘게 들릴 수 있다.

학생들과 가까워지면서 공부를 시킬 수 있는 말투는 권유형의 말투다. "~해라."가 아니고 "~하자."로 바꾸어 말해보자. 이렇게 말할 때 오히려 학생들은 선생님의 말을 더 잘 듣게 된다.

5) 선생님이 수업 중에 전화 통화를 하는 공부방

선생님들은 수업하는 도중에 전화가 왔을 때 어떻게 대처를 하는가? 설마 학생들에게 "잠깐 자습하고 있어."라고 말하고는 전화를 받으러 나가는가? 이런 행동이 반복되면 결코 성공하는 공부방을 운영할 수 없다.

학생들은 수업을 하지 않고 자습을 하면서 친구와 장난을 칠 수 있으니 오히려 좋아할 것이라고 생각하는가? 이는 잘못된 생각이다. 학생들도 선생님의 이런 행동이 잘못된 것임을 잘 알고 있다. 특히 고학년일수록 말이다. 그래서 고학년들은 선생님한테 직접적으로 말하는 학생도 있지만 대부분은 이러한 불만을 집에 가서 이야기한다.

학생들도 자신이 배우기 위해 공부방에 다닌다는 사실을 잘 알고 있다. 그리고 부모가 공부방에 내는 교육비를 아깝다고 생각하기도 한다. 요즘 아이들은 내가 얼마를 내고 공부를 배우는지 누구보다 잘 알고 있다. 그래서 선생님이 전화 통화를 하느라 자신의 수업 시간이 낭비되는 것을 달가워하지 않는다.

선생님은 학생들이 공부방에 왔을 때는 성실하게 수업을 해야 할 의무가 있다. 그러므로 수업 중에 전화가 왔을 때는 거절 메시지를 보내고 수업에 집중하도록 하자.

6) 다른 아이와 차별하는 공부방

아이는 어른과는 다르다. 선생님은 그런 뜻으로 말하거나 행동한 게 아닌데도 아이의 입장에서 보면 왠지 모르게 서운한 마음이 든다. 이럴 때 선생님들은 억울한 마음이 들 수 있다. '정말 그런 뜻으로 말한 것이 아닌데…… 왜 그렇게 생각하지?'라고 생각하며 그 학생을 피곤

한 유형의 아이라고 치부하지 말고 한 번만 더 학생의 입장에서 생각
해 보는 선생님이 되어보자. 아직 어리기 때문에 선생님보다 마음의
상처도 쉽게 받을 수 있음을 기억하자.

PART 3

공부방 전성시대, 차별화만이 살 길이다

학부모에게는 성적 향상의 모습과 함께 꼼꼼한 학습 관리의 모습을 보여줄 수 있어야 한다. 다른 공부방과는 다른 무언가를 보여주어야만 어머니들도 다른 사람에게 공부방을 자랑하고 추천하지 않겠는가. 학부모와 자주 상담을 하면서 부모가 안심하고 맡길 수 있는 공부방이라는 이미지를 보여주어야 한다.

입회 상담을
성공적으로
이끄는 비결

공부방에 처음 상담 전화가 왔을 때는 최대한 기본적인 정보만 알려주어야 한다. 여기에는 두 가지 이유가 있다. 첫째는 그 상담 전화가 경쟁업체의 정보 수집 전화일 수도 있다. 요즘은 워낙 학파라치가 많아서 상담 전화로 금액과 수업 시간 등 기본적인 정보를 수집하는 경우가 많다. 또한 경쟁업체에서도 전화가 오는 경우가 있으므로 주의하도록 하자.

둘째는 전화로 상담을 하는 분들은 공부방에 자녀를 보낼 확률이 50%이다. 즉 기본적인 정보만을 수집하고 자녀를 이곳에 보낼까 저곳에 보낼까 고민하는 경우가 대부분이다. 상담 전화만으로 학부모를 설득해서 입회에 성공하기는 쉽지 않다. 물론 아는 사람의 소개를 받고 상담하기 위해 전화했거나 학생들을 잘 가르친다는 입소문을 듣고 전화했을 경우는 예외다.

입회 상담은 전화보다는 직접 학부모를 만나 얼굴을 보면서 아이의 현재 상태를 차분히 설명하는 것이 좋다. 부모들은 선생님이 자녀의 부족한 부분을 정확히 집어내어 상담을 하면 선생님에게 믿음을 갖게 되고 결국 그 믿음은 입회로 연결된다.

학생이 공부를 잘하든 못하든 그것은 중요치 않다. 학부모가 자녀의 학습 상태를 얼마나 알고 있느냐가 가장 중요하다. 초등학생들 중에는 학교 성적이 상위권에 있는 학생이지만 실제로 테스트를 해보면 응용력이 부족한 학생이 있다. 즉 학교 시험에 나오는 응용 문제나 심화 문제를 1~2문제 정도 틀리고 중간고사나 기말고사 점수는 90점 이상을 받으니 자녀가 상위권에 있다고 생각할 수도 있다.

그런데 문제는 이런 아이의 부모들은 자녀에게 거는 기대가 상당히 크다. 그 이유는 우선 학교 성적이 잘 나오고 기존에 다녔던 학원이나 공부방에서 잘한다고 칭찬을 했기 때문이다. 물론 주변의 친한 어머니들 입김도 크게 영향력을 끼친다. "정아는 공부를 잘해서 좋겠어. 특목고를 준비해 보는 게 어때?"라는 말을 자주 듣는 저학년 어머니의 경우는 상담할 때 아주 힘들다는 점을 명심하자.

성적이 중상위권이나 하위권에 있는 학생들도 마찬가지다. 상담할 때 어머니에게 "저번 시험은 잘 봤나요?"라는 상담 멘트를 던져놓고

"네. 저번에는 좀 못 봤어요."라는 어머니의 말을 그저 단순하게 받아들여서 "네. 그렇군요. 열심히 공부하면 좋아질 겁니다. 맡겨주세요."라는 식의 단순한 상담을 진행하면 그 후에 선생님은 엄청난 스트레스와 부담을 느끼게 될 것이다.

학생을 아무런 테스트 없이 받았다가는 선생님의 잘못이 아닌데도 성적이 바로 향상되지 않거나 조금이라도 떨어지면 그 잘못이 고스란히 선생님에게 돌아간다는 것을 명심하라. 반대로 학생의 학습 상태를 정확히 테스트한 뒤 가장 취약한 부분에 대해 어머니와 충분히 상담을 한 경우는 비록 학생의 성적이 조금 흔들림이 있다 하더라도 무조건 선생님의 탓으로 돌리지는 않는다.

처음에 어떤 방법으로 학생을 입회하는가에 따라서 그 아이가 3개월을 다니고 그만둘지, 장기 회원으로 남을지를 결정하는 첫 번째 조건이 될 것이다. 또한 그 상담 내용에 따라 학생을 지도하는 학습 방향을 찾을 수 있다. 이것이 여러분을 유능한 공부방 선생님의 길로 인도해 줄 것이다.

그럼 학부모들에게 전문 공부방 이미지를 심어주면서 성공적으로 공부방을 운영하고 싶은 선생님들은 지금부터 각 학년별로 테스트지를 만들어보자.

테스트지를 만드는 방법과 학생을 테스트하는 방법

1) 테스트지의 문항은 너무 많지 않게 10문항 정도로 만든다.

문항 수가 너무 많아서 테스트 시간이 길어지면, 어머니와 선생님 사이에 긴 침묵의 시간이 계속될 수 있다. 학생이 문제를 풀 때는 가급적 어머니와 상담을 하지 말고 학생이 문제 푸는 모습을 지켜보자. 그리고 학생이 어떤 식으로 문제를 푸는지 기억하자.

2) 테스트지는 주관식으로 만들어라.

테스트지는 주관식으로 해야만 학생이 무엇을 모르는지 좀 더 정확히 집어낼 수 있다. 또한 어머니와 상담할 때도 학생이 쓴 식과 풀이과정을 보면서 이야기를 풀어가는 것이 좋다.

3) 난이도별로 테스트지를 만들어라.

초급, 중급, 고급으로 나누어 테스트지를 만들어야 학생의 실력에 맞게 테스트를 할 수 있다. 테스트지를 일반적인 수준으로 맞추어놓으면 잘하는 학생은 문제가 너무 쉬워서 테스트를 잘 보게 된다. 그러면 어머니는 자녀가 공부를 잘한다고 착각할 수 있고 상담할 때 주도권을 어머니에게 빼앗기게 된다. 반대로 너무 못하는 학생은 테스트지에 나온 문제들을 전혀 풀 수 없어서 학생의 정확한 실력을 체크할 수 없게 된다. 그러면 앞으로 학습 진도를 잡을 때 어려움이 뒤따를 수 있다.

1. 솔마트에서는 뿌셔뿌셔 과자를 어제는 2059개, 오늘은 1951개를 팔았습니다. 어제와 오늘 모두 몇 개의 뿌셔뿌셔 과자를 팔았는지 구하세요.

(　　　　　　　　)

2. 다음 숫자 카드 4장을 한 번씩만 사용하여, 만들 수 있는 네 자리 수 중에서, 가장 큰 수와 가장 작은 수의 합을 구하세요.

| 0 | 9 | 6 | 7 |

(　　　　　　　　)

3. □ 안에 들어갈 알맞은 수를 구하세요.

$$□+2168-1259=8703$$

(　　　　　　　　)

4. 과일가게에 귤이 5234개 있었습니다. 어제는 3152개를 팔았고, 오늘은 358개를 팔았습니다. 그리고 내일은 205개의 귤이 도착합니다. 오늘 과일가게에 남아있는 귤을 수는 모두 몇 개입니까?

(　　　　　　　　)

5 준수네 학급 문고에는 198권의 동화책이 있습니다. 위인전의 수는 동화책의 3배 보다 29권 더 적다고 합니다. 준수네 학습 문고에 있는 위인전은 모두 몇 권입니까?

(　　　　　　　　)

6 어떤 수에 25을 곱해야 하는데 잘못하여 37 더했더니 72가 되었습니다. 바르게 계산한 값을 구하세요.

(　　　　　　　　)

7 다음은 컴퍼스로 원을 그리는 과정입니다. □ 안에 알맞은 말을 써 넣으세요.

① 원의 [＿＿＿] 이(가) 되는 점을 정합니다.

② 컴퍼스를 원의 [＿＿＿] 만큼 벌립니다.

③ 컴퍼스의 침을 원의 [＿＿＿] 에 꽂고 원을 그립니다.

8 □ 안에 알맞은 수를 써 넣으세요.

한 원에서 지름은 반지름의 [＿]배입니다.

지름이 52cm인 원의 반지름은 [＿]cm입니다.

9 □ 안에 알맞은 수를 써 넣으시오.

지름이 80㎜인 원의 반지름은 [＿]cm입니다.

반지름이 5㎜인 원의 지름은 [＿]cm입니다.

10 정사각형의 한 변의 길이는 186cm입니다. 정사각형 네 변의 길이의 합은 얼마인지 구하세요.

(　　　　　　　　)

▲ 수학 테스트지(초등 3-2) (난이도 중)

학생에게 테스트지의 문제를 풀리기 전에 반드시 지난번 학교 수학 시험에서 몇 점 정도 받았는지를 체크하자. 그래야만 일차적으로 학생의 수준이 어느 정도인지를 가늠할 수 있고 테스트지의 난이도를 결정할 수 있다.

학생이 테스트지의 문제를 풀고 난 후에는 그 자리에서 채점을 하라. 그리고 어머니에게 테스트지의 문제를 보여주면서 상담을 진행하자. 물론 이때 중하위권이나 하위권 학생들은 밖에 나가서(거실) 책을

- 85점 초과 100점 이하 : 난이도 상

  보통 심화나 응용 문제를 많이 어려워하고 스스로 생각하는 힘이 부족하다. 이 부분에 초점을 맞추어 상담하는 것이 좋다.

- 70점 초과 85점 이하 : 난이도 중

  연산 실력이 약하거나 문제의 뜻을 파악하지 못하는 경우가 있다. 물론 응용 문제와 심화 문제는 어려워하고 푸는 방법을 잘 알지 못하는 경우가 대부분이다.

- 70점 이하 : 난이도 하

  같은 학년의 학생들보다 연산이 느리고 많이 틀린다. 물론 문제에서 무엇을 물어보는지 파악하는 것도 힘들어한다. 응용 문제나 심화 문제는 말할 것도 없다.

읽게 하는 것이 좋다. 왜냐하면 선생님이 어머니에게 본인의 약한 부분을 너무 노골적으로 이야기하면 아이는 선생님에게 싫은 느낌을 받을 수도 있다. 공부도 하기 싫고 어려운데 자신의 부족한 점을 이야기하는 곳에서 공부를 하고 싶은 학생이 얼마나 있겠는가. 이런 경우에는 칭찬을 많이 해주는 것이 좋으므로 학생이 있는 곳에서 너무 부족한 부분을 이야기하는 것은 삼가도록 하자. (상담할 때를 대비해서 학년별로 읽을 수 있는 간단한 도서를 한 권씩은 마련해 두는 것이 좋다.)

그러나 중상위권 학생이나 상위권 학생의 경우는 어머니와 학생이 있는 곳에서 상담을 진행하는 것이 좋다. 어차피 이런 학생들의 경우 테스트를 봐도 오답 문제가 많이 나오지는 않는다. 보통 테스트지에 있는 1~3개 정도의 응용 문제를 틀리는 경우가 대부분이다. 그러므로 자신이 어떤 부분이 약한지, 선생님이 어떤 학습 방법으로 성적을 향상시켜 줄 것인지 직접 학생의 얼굴을 보면서 상담을 진행하는 것이 좋다. 상위권의 학생일수록 학원이나 공부방을 결정할 때 부모가 일방적으로 하기보다는 자녀의 의사를 물어보고 결정하는 경우가 대부분이다. (저학년의 경우는 예외다.)

다음에는 3가지 테스트지의 예를 보면서 상담 방법과 테스트지의 문제를 난이도별로 만들어야 하는 이유에 대해 알아보도록 하자.

:: 수학 테스트지 1(상위권 학생이 푼 경우)

수학 테스트지의 난이도를 모두 똑같이 해서 만든 후 테스트를 실시하면 그 테스트지의 문제들은 상위권 학생들이 풀기에는 너무 쉬운 수준의 문제일 수 있다. 테스트 결과가 100점이 나온 경우 선생님은 어머니에게 "어머, 아이가 잘하네요. 좀 더 어려운 문제를 풀게 해볼까요?"라면서 난이도가 높은 문제를 주면서 테스트를 다시 하면 그 후의 상담이 순조로울 수 있다고 생각하는가?

우선 그 순간 어머니는 두 가지 생각을 할 수 있다. 하나는 '우리 애가 정말 잘하네. 더 수준 높은 곳을 알아볼까?'라는 생각과 '일부러 더 어려운 문제를 가져와서 풀리니 당연히 틀리지. 아이를 붙잡으려고 별수를 다 쓰네.'라는 생각을 할 수 있다. 즉 상담의 신뢰도가 떨어지게 되는 것이다.

실제로 상위권 학생들을 테스트했는데 그 결과가 너무 잘 나온 경우 그냥 그 결과를 가지고 상담을 진행하든 다시 테스트를 한 후 상담을 하든 어머니의 요구가 많아지거나 상담 결과가 입회로 이어지기가 쉽지 않다.

다시 말해 이러한 상담 실수를 하지 않기 위해서는 테스트지를 작성할 때 난이도별로 문제를 만들어야 하고, 테스트를 하기 전에 미리 학생의 수학 점수를 파악해야 한다.

다음의 테스트지의 예는 실제 상위권 학생이 푼 테스트 결과다.

1. 솔마트에서는 뿌셔뿌셔 과자를 어제는 2059개, 오늘은 1951개를 팔았습니다. 어제와 오늘 모두 몇 개의 뿌셔뿌셔 과자를 팔았는지 구하세요.

(4010)

$2059 + 1951 = \square$

2. 다음 숫자 카드 4장을 한 번씩만 사용하여, 만들 수 있는 네 자리 수 중에서, 가장 큰 수와 가장 작은 수의 합을 구하세요.

| 0 | 9 | 6 | 7 |

가장 큰 수 : 9760
가장 작은 수 : 6079

(15839)

$9760 + 6079 = \square$

3. □ 안에 들어갈 알맞은 수를 구하세요.

$\square + 2168 - 1259 = 8703$

$\square = 8703 - 2168 + 1259$

$\square = 7794$

(7794)

4. 과일가게에 귤이 5234개 있었습니다. 어제는 3152개를 팔았고, 오늘은 358개를 팔았습니다. 그리고 내일은 205개의 귤이 도착합니다. 오늘 과일가게에 남아있는 귤을 수는 모두 몇 개입니까?

(1751)

$5234 - 3125 - 358 = \square$

5. 준수네 학급 문고에는 198권의 동화책이 있습니다. 위인전의 수는 동화책의 3배 보다 29권 더 적다고 합니다. 준수네 학습 문고에 있는 위인전은 모두 몇 권입니까?

(565)

$198 \times 3 - 29 = \square$

6. 어떤 수에 25을 곱해야 하는데 잘못하여 37 더했더니 72가 되었습니다. 바르게 계산한 값을 구하세요.

$\square \times 25$ $25 \times 35 = ?$ (875)

$\square + 37 = 72$ $\square = 35$

7. 다음은 컴퍼스로 원을 그리는 과정입니다. □ 안에 알맞은 말을 써 넣으세요.

① 원의 중심 이(가) 되는 점을 정합니다.

② 컴퍼스를 원의 반지름 만큼 벌립니다.

③ 컴퍼스의 침을 원의 중심 에 꽂고 원을 그립니다.

8. □ 안에 알맞은 수를 써 넣으세요.

한 원에서 지름은 반지름의 2 배입니다.

지름이 52cm인 원의 반지름은 26cm입니다.

9. □ 안에 알맞은 수를 써 넣으시오.

지름이 80mm인 원의 반지름은 4cm입니다.

반지름이 5mm인 원의 지름은 1cm입니다.

10. 정사각형의 한 변의 길이은 186cm입니다. 정사각형 네 변의 길이의 합은 얼마인지 구하세요.

(744)

$186 \times 4 = \square$

여러분은 몸이 아파서 병원에 가게 되었을 때 어떻게 상담을 해주는 의사에게 신뢰가 가는가? 이 질문에 대한 답을 나의 경험담을 통해 알아보기로 하자.

나는 몸이 아플 때마다 항상 다니는 병원이 있다. 20대 중반부터 지금까지 계속 그 병원만 다닌다. 처음부터 그 병원만을 고집했던 것은 아니다. 옛날에는 그저 집에서 가까운 병원을 선호하는 편이었다. 병원을 좋아하지 않을 뿐더러 큰 병이 아닌 이상 병원에서 처방받는 내용도 크게 다르지 않을 것이라고 생각했기 때문이다. 그래서 내가 자주 이용했던 병원은 집에서 가장 가까운 곳이었다.

그러던 어느 날 굉장히 심한 감기 몸살에 걸려 고생을 하게 되었다. 평소 병원 가는 것을 싫어해서 감기에 걸려도 그냥 참거나 약국에 가서 약을 사먹는 것으로 그치곤 했다. 하지만 그때는 약국에서 산 종합 감기약도 소용이 없고 밤새 열이 나고 아팠다. 한숨도 자지 못하고 다음날 9시가 되자마자 집에서 제일 가까운 병원으로 갔다. 의사는 나에게 증상을 묻더니 다른 말은 하지 않고 "검사해 보고 나서 이야기하죠."라는 말만 할 뿐이었다. '아니, 감기에 무슨 검사? 혹시 큰 병인가? 좀 자세히 말해주면 안 되나?'라는 생각이 들었지만, 걱정이 된 나는 의사가 시키는 대로 했다.

그것은 신우신염(신장에 염증이 생기는 것)을 검사하는 것이었는데 결과는 '이상 없음'이었다. 순간 나는 너무 황당했고 화도 났다. 단순히 감기에 걸린 것뿐이었는데 괜히 검사를 한 것에 화가 났던 것이다. 검사 이유를 정확히 설명해 주지도 않고 결과가 나온 후에 의사가 나에게 한 말이라곤 "신우신염인 줄 알았는데 아니네요. 처방전을 써드릴 테니 받아 가시고 주사도 맞으세요."라는 말뿐이었다. 나는 화가 나서 다시는 그 병원에 가지 않으리라 다짐했다. 그 후로는 그 병원에 대해 묻는 사람이 있을 때마다 "거기 별로예요. 꼼꼼하지도 않고 실력도 없는 것 같아요."라는 말이 절로 나왔다.

그 뒤부터는 의사가 어떤 병원인가를 따지게 되었고, 동네 책방 언니의 추천으로 차를 타고 15분 거리에 있는 병원에 가게 되었다. 그곳은 환자의 아픈 증상을 꼼꼼히 질문하고 검사 결과가 나오면 왜 그런 결과가 나왔는지에 대해 병의 원인을 자세하게 설명해 주었다. 그리고 어떤 약을 처방할 것인지, 언제 병원에 다시 와야 하는지에 대해 아무리 뒤에 환자가 많이 밀려 있어도 천천히 친절하게 설명해 주었다. 상담을 받고 난 후의 생각은 '안심이 된다. 의사 선생님 말대로만 하면 되겠다.'였다. 나의 몸 상태를 진단하고 그 후에 어떻게 병을 치료할 것인지를 환자에게 정확히 설명해 주면 환자의 입장에서는 의사를 믿고 따르게 된다.

학부모의 경우도 크게 다르지 않다. 부모들은 자녀에게 필요한 학습이 무엇인지 알고 싶어한다. 테스트 결과를 그저 "잘하네요.", "수학이 약하네요.", "내일부터 학습을 시작하는 것이 좋을 것 같아요.", "맡겨주세요. 열심히 지도하겠습니다."라는 말로 상담하지는 말자.

부모에게 끌려 다니지 않고 학생을 지도하고 싶은가? 부모가 선생님을 믿고 따라와 주길 원하는가? 그럼 학부모가 납득할 수 있는 이유를 들어 학생의 학습 상태를 진단해야 한다. 또한 앞으로의 학습 방향을 제시해 주어야 한다. 그냥 문제집만 열심히 풀린다고 해서 그 아이의 학습 실력이 진정으로 향상되겠는가? 아니다. 문제집을 많이 풀리는 것은 단순히 시험 성적이 잘 나오는 임시방편이 될 수는 있지만 학생의 학습 실력은 향상되지 못한다. 학생의 정확한 실력을 파악하고 그에 맞는 학습 방향을 계획하라. 그리고 그 학습 내용을 항상 부모와 공유하도록 하자.

공부방 창업을 준비하고 있는 초보 선생님들이 하는 가장 큰 고민 중 하나가 입회 상담에 관한 내용이다. 어떻게 상담을 해야 부모들이 자녀를 믿고 공부방에 보내게 될지 고심을 하게 되는 것이다.

처음부터 요리를 잘하는 사람은 없다. 갓 시집 온 새댁에게 어른들은 흔히 "자꾸 해봐야 실력이 좋아진다."라고 말한다. 이 말은 요리를 해본 사람이라면 충분히 공감할 것이다. 정말 많이 해보면 요리 실력은 좋아진다. 하지만 아무것도 모르는 상태에서 요리를 하는 것보다는 요리책을 들여다보면서 하다 보면 실력이 좀 더 빨리 좋아진다.

상담도 마찬가지다. 상담을 처음부터 잘하는 선생님은 없다. 나도 물론 마찬가지였다. 자꾸 부딪혀봐야 실력이 향상될 수 있다. 그리고 이왕이면 상담 방법을 조금이라도 알고 노력하면 금방 상담 실력이 좋아진다. 그럼 지금부터 상담 방법을 알아보면서 배워보도록 하자.

다음의 수학 테스트지의 결과를 보고 부모에게 어떻게 이야기하는 것이 좋다고 생각하는가? 먼저 아래의 글을 읽기 전에 스스로 상담 내용을 생각해 보고 마음속으로 정리해 보자. 내가 설명하는 말과 비슷한지 다른지를 말이다. 두 테스트지(수학 테스트지 2와 3)의 오답 수는 똑같이 4개이다. 틀린 문항의 수가 똑같이 4개이므로 상담 결과도 같아야 한다고 생각하는가?

아니다. 문제의 내용과 학생이 푼 풀이과정을 유심히 살펴보자. 어떤 차이가 보이는가? 상담 실력을 키우고 싶다면 이것을 찾는 연습을 자주 하는 것이 좋다. 연습은 선생님이 먼저 문제를 많이 풀어보고 난 후 학생들의 학습 내용을 관찰하고 채점하면 되는 것이다. 그럼 다음의 테스트 결과를 부모에게 어떤 식으로 상담하면 좋을지에 대해 이야기해 보겠다.

:: **수학 테스트지 2**(연산이 부족한 경우)

어머님 : 어떤가요? 잘하나요?

선생님 : 네. 잘하는 편이긴 한데, 실수가 좀 많은 편이네요.

어머니 : 네. 시험에서도 항상 실수를 해요. 그래서 걱정이에요.

1. 솔마트에서는 뿌셔뿌셔 과자를 어제는 2059개, 오늘은 1951개를 팔았습니다. 어제와 오늘 모두 몇 개의 뿌셔뿌셔 과자를 팔았는지 구하세요.

(4010)

2. 다음 숫자 카드 4장을 한 번씩만 사용하여, 만들 수 있는 네 자리 수 중에서, 가장 큰 수와 가장 작은 수의 합을 구하세요.

0	9	6	7

(10439)

3. □ 안에 들어갈 알맞은 수를 구하세요.

□ + 2168 − 1259 = 8703

(7794)

4. 과일가게에 귤이 5234개 있었습니다. 어제는 3152개를 팔았고, 오늘은 358개를 팔았습니다. 그리고 내일은 205개의 귤이 도착합니다. 오늘 과일가게에 남아있는 귤의 수는 모두 몇 개입니까?

(1714개)

5. 준수네 학급 문고에는 198권의 동화책이 있습니다. 위인전의 수는 동화책의 3배 보다 29권 더 적다고 합니다. 준수네 학습 문고에 있는 위인전은 모두 몇 권입니까?

(565권)

6. 어떤 수에 25을 곱해야 하는데 잘못하여 37 더했더니 72가 되었습니다. 바르게 계산한 값을 구하세요.

(875)

7. 다음은 컴퍼스로 원을 그리는 과정입니다. □ 안에 알맞은 말을 써 넣으세요.

① 원의 [중심] 이(가) 되는 점을 정합니다.

② 컴퍼스를 원의 [반지름] 만큼 벌립니다.

③ 컴퍼스의 침을 원의 [중심] 에 꽂고 원을 그립니다.

8. □ 안에 알맞은 수를 써 넣으세요.

한 원에서 지름은 반지름의 [2]배입니다.

지름이 52cm인 원의 반지름은 [27]cm입니다.

9. □ 안에 알맞은 수를 써 넣으세요.

지름이 80㎜인 원의 반지름은 [4]cm입니다.

반지름이 5㎜인 원의 지름은 [1]cm입니다.

10. 정사각형의 한 변의 길이는 186cm입니다. 정사각형 네 변의 길이의 합은 얼마인지 구하세요.

(744)

▲ 수학 테스트지 2(연산이 부족한 학생이 푼 시험지)

선생님 : 우선 여기 시험지를 한 번 보시겠어요. 틀린 문제들 중 두 문제를 보면 푸는 방법은 알고 있는 것 같은데 그 풀이과정에서 실수를 했어요. 연산 실수요.

어머니 : 아, 그럼 어떻게 하죠? 학년은 올라가는데 자꾸만 실수를 하니…… 성격이 급해서 그런가?

선생님 : 성격이 급해서 그럴 수도 있고 연산 학습이 제대로 이루어지지 않아서 그럴 수도 있습니다. 우선 연산을 잡는 것이 중요합니다. 연산 학습을 하면 집중력도 생기거든요.

어머니 : 네. 그렇군요.

선생님 : 그리고 여기 2번 문제와 7번 문제를 보면 문제의 뜻을 정확히 파악하지 못하는 부분이 있네요. 긴장해서 그럴 수도 있고 너무 급하게 푸느라 꼼꼼히 안 봐서 그럴 수도 있고요. 우선은 지민이가 문제 푸는 것을 조금 더 지켜봐야 정확히 알 수 있지만 실수를 줄여가는 학습을 집중적으로 시키는 것이 좋겠네요.

어머니 : 금방 잡힐 수 있을까요? 그것만 잘 잡으면 좋아지겠죠?

선생님 : 네. 좋아질 수 있습니다. 하지만 단기간에 좋아지진 않습니다. 연산 학습은 무엇보다 꾸준히 하는 것이 좋고 오랜 시간 동안 습관화된 부분은 고치는 데 좀 시간이 걸리거든요.

어머니 : 네.

선생님 : 연산 부분은 테스트를 통해서 정확한 실력을 알아본 뒤 학습을 진행할 것입니다. 그리고 그 결과는 매주 어머니께 알려드릴 거예요. 어머니도 이 부분은 꼭 확인해 주시고 지민이에게 향상되는 부분에 대해서는 칭찬을 많이 해주세요. 그리고 실수가 줄어들고 문제를 꼼꼼히 푸는 방법을 익히게 되고 난 후에는 조금씩 난이도를 높여가면서 응용 문제를 많이 다루게 될 것입니다. 수학은 학생 스스로 생각하는 힘을 길러야만 재미있어지고 실력도 빨리 향상되거든요.

어머니 : 저도 그런 학습을 원해요. 급하게 가는 것보다 지민이가 수학을 재미있다고 생각하면 좋겠어요. 지금은 제일 싫어하는 과목을 말하라고 하면 꼭 수학이라고 하거든요. 그게 항상 걱정이에요.

선생님 : 걱정하지 마세요. 지민이가 수학을 재미있어하고 자신감을 가질 수 있도록 지도하겠습니다. 우선은 개념을 정확히 알고 문제를 풀 수 있게끔 할 것입니다.

어머니 : 네~ 정말 잘 부탁드려요.

선생님 : 그럼 내일부터 보내주시고 지민이가 내일 올 때 그동안 풀었던 문제집을 함께 보내주세요. 지금까지 지민이가 학습한 문제집을 보면 지민이를 좀 더 빨리 파악할 수 있거든요.

어머니 : 네. 감사합니다. 그럼 내일부터 보낼게요.

앞의 상담 예에서 보듯이 어머니와 상담할 때 자녀의 약한 부분을 너무 강하게 이야기하지 않고 부드럽게 돌려 이야기하는 것이 좋다. 그리고 너무 강하게 단정 짓는 것은 좋지 않다. (예: "아이가 연산이 약합니다. 연산 학습을 시키세요." 실제로 몇 년간 학습지를 통해서 연산 학습을 하는 경우도 있다. 테스트지를 푸는 그 순간은 정말 긴장을 해서 실수를 하는 경우도 있으니 너무 강하게 단정해 버리면 오히려 어머니에게 좋지 않은 인상을 줄 수도 있다.)

마지막 상담 부분에서 이제껏 학생이 학습한 문제집을 가져다 달라고 하는 것은 중요하다. 그 문제집들은 학생을 좀 더 빨리 파악할 수 있는 자료 역할을 한다. 이제껏 어떤 방식으로 문제를 풀어왔는지, 어떤 난이도의 문제집들을 풀어왔는지, 어떤 방식으로 공부를 해왔는지 등을 알 수 있다. 또한 몇 개월 후 학생의 학습 향상 결과를 어머니에게 비교 분석해 드릴 때 중요한 자료가 될 수 있다. 그러므로 학생이 전에 학습 했던 문제집은 꼭 받아 볼 수 있도록 하자.

:: 수학 테스트지 3(응용 문제에 약한 경우)

어머니 : 긴장을 했나봐요. 많이 틀렸네요. (어머니는 자녀가 문제 푸는 모습 지켜보셨다.)

선생님 : 아니에요. 그렇게 많이 틀리진 않았어요. 다만 응용 문제를 좀 틀렸네요.

1. 솔마트에서는 뿌셔뿌셔 과자를 어제는 2059개, 오늘은 1951개를 팔았습니다. 어제와 오늘 모두 몇 개의 뿌셔뿌셔 과자를 팔았는지 구하세요.

( )

2. 다음 숫자 카드 4장을 한 번씩만 사용하여, 만들 수 있는 네 자리 수 중에서, 가장 큰 수와 가장 작은 수의 합을 구하세요.

| 0 | 9 | 6 | 7 |

( )

3. □ 안에 들어갈 알맞은 수를 구하세요.

□ + 2168 - 1259 = 8703

( )

4. 과일가게에 귤이 5234개 있었습니다. 어제는 3152개를 팔았고, 오늘은 358개를 팔았습니다. 그리고 내일은 205개의 귤이 도착합니다. 오늘 과일가게에 남아있는 귤을 수는 모두 몇 개입니까?

( )

5. 준수네 학급 문고에는 198권의 동화책이 있습니다. 위인전의 수는 동화책의 3배 보다 29권 더 적다고 합니다. 준수네 학습 문고에 있는 위인전은 모두 몇 권입니까?

( )

6 어떤 수에 25을 곱해야 하는데 잘못하여 37 더했더니 72가 되었습니다. 바르게 계산한 값을 구하세요.

( )

7 다음은 컴퍼스로 원을 그리는 과정입니다. □ 안에 알맞은 말을 써 넣으세요.

① 원의 [   ] 이(가) 되는 점을 정합니다.

② 컴퍼스를 원의 [   ] 만큼 벌립니다.

③ 컴퍼스의 침을 원의 [   ] 에 꽂고 원을 그립니다.

8 □ 안에 알맞은 수를 써 넣으세요.

한 원에서 지름은 반지름의 [   ]배입니다.

지름이 52cm인 원의 반지름은 [   ]cm입니다.

9 □ 안에 알맞은 수를 써 넣으시오.

지름이 80㎜인 원의 반지름은 [   ]cm입니다.

반지름이 5㎜인 원의 지름은 [   ]cm입니다.

10 정사각형의 한 변의 길이는 186cm입니다. 정사각형 네 변의 길이의 합은 얼마인지 구하세요.

( )

▲ 수학 테스트지 3(응용력이 부족한 학생이 푼 시험지)

어머니 : 학교 성적은 잘 나오는 편인데, 가끔씩 성적이 들쭉날쭉 할 때가 있어요.

선생님 : 아마 응용 문제 때문에 그럴 거예요. 5번 문제에 별표를 한 부분을 보면 문제를 깊게 생각하는 것을 싫어하나 봐요. 주로 학원을 다녔나 보죠?

어머니 : 네. 거의 학원 중심으로 보냈어요. 공부방은 처음이에요.

선생님 : 학원은 일대 다수로 학습을 하기 때문에 이런 경우가 많아요. 일정 시간 동안 정해진 학습을 끝내야 하기 때문에 생기는 현상이죠. 선생님이 내주신 문제는 모두 풀어야 집에 갈 수 있고 숙제도 얼른 끝내야 하기 때문에 문제를 깊이 생각하지 않고 모르면 바로 선생님이 풀이법을 알려주기 때문에 스스로 생각하는 힘이 약해지는 거죠.

어머니 : 그렇군요. 정말 집에서 숙제를 할 때도 금방 하고 나와요. 항상 그것 때문에 저랑 싸우거든요.

선생님 : 재환이만 그런 것은 아니에요. 실제로 많은 아이들이 그래요. 여기 6번은 푸는 법은 모두 맞았는데 본인이 쓴 숫자를 잘못 보고 9를 7로 썼네요. 급하게 푸는 경우 이런 실수를 많이 하곤 해요.

어머니 : 아, 정말이네요. 저번 시험에서도 숫자를 잘못 써서 한 문제 틀렸는데…… 고치라고 그렇게 말해도 또 그러네요.

선생님 : 걱정하지 마세요. 천천히 고쳐 나가면 되지요.

어머니 : 다른 부분은 괜찮나요?

선생님 : 지금 이 테스트지를 푼 걸 보면 연산 학습은 잘 되어 있는 것 같아요. 속도도 빠른 편이고 연산 실수는 하지 않았네요.

어머니 : 학습지를 하거든요. 일곱 살 때부터 했어요.

선생님 : 그렇군요. 연산이 약하면 수학을 더욱 힘들어하는데 그 부분에 있어서 재환이는 걱정할 필요가 없겠네요. 다만 앞으로는 스스로 생각하는 힘을 길러서 수학 문제를 푸는 습관이 필요할 것 같습니다. 그래야만 학년이 올라갈수록 수학을 힘들어하지 않게 됩니다.

어머니 : 네. 그럼 앞으로 어떻게 학습이 진행되나요?

선생님 : 우선 곧바로 응용 문제를 주고 풀게 하면 문제가 어렵고 푸는 데 시간이 많이 걸리기 때문에 수학을 더 재미없어할 수 있어요. 따라서 기본적인 문장제 문제부터 풀기 시작해서 스스로 생각해서 문제를 푸는 학습을 시킬 거예요. 물론 그 부분에는 식을 스스로 세워보는 학습이 항상 들어갈 거고요. 대부분의 아이들이 문제의 답을 찾는 것은 잘하지만 답을 어떻게 구했는지 설명해 보라고 하면 어려워하거든요.

어머니 : 앞으로 잘 부탁드려요. 준비해야 할 다른 것은 없나요?

선생님 : 재환이가 공부방에 올 때 지금껏 학습했던 문제집을 보내주

세요. 문제집을 보면 재환이가 어떤 유형의 문제들을 어려
워하는지, 어떤 학습 습관을 가지고 있는지 제가 파악하는
시간이 빨라지거든요.

어머니 : 알겠습니다. 감사해요. 잘 좀 부탁드려요.

선생님 : 네. 진행되는 학습 내용을 매주 상담해 드리니까 너무 걱정
하지 마세요. 열심히 지도하겠습니다.

문제를 빨리 푸는 학생들의 경우(특히 남학생들)에는 본인이 쓴 숫
자를 잘못보고 틀리는 경우가 있다. 예를 들어서 $0 \rightarrow 6, 7 \rightarrow 9, 6 \rightarrow 0$
으로 보는 경우가 그렇다. 이 부분은 어머니에게도 분명히 말해두어야
한다. 선생님의 꼼꼼함을 부모에게 알릴 수 있는 좋은 지적 포인트가
된다.

그리고 응용 문제를 어려워하는 대부분의 학생들이 문제를 풀지 못
하거나 문제에 별표를 하는 경우가 있다. 이는 상담 내용에서도 볼 수
있듯이 스스로 문제를 해결하는 힘이 부족한 경우가 대부분이다. 전에
다니던 학원이나 공부방에서 모르는 문제가 있으면 바로 선생님이 가
르쳐주는 형태의 학습을 해왔던 것이다.

이 부분은 크게 티내지 않고 전에 다니던 학원의 잘못된 학습법을
지적하는 좋은 상담 포인트가 된다. 다른 공부방이나 학원을 직접적으
로 대놓고 "거기 별로 좋지 않아요.", "거기는 선생님들이 잘 못 가르쳐

요."라고 이야기하는 것은 오히려 어머니들에게 좋지 않은 인상을 줄 수 있다. 하지만 자녀의 학습 결과를 바탕으로 부족한 부분을 강조해서 이야기하면 직접적으로 이야기하지 않아도 전에 다니던 학원이나 공부방이 좋지 않았음을 이야기할 수 있어서 어머니가 공부방이나 학원을 옮길 생각을 굳히게 할 수 있다.

솔직한 상담은 좋다. 하지만 그 솔직함이 오히려 오해를 불러올 수도 있다. 그러므로 항상 상담을 할 때 단어의 선택과 상담 내용에 주의하라. 돌려 이야기한다고 해서 상담의 주제가 바뀌는 것은 아니다. 이야기하고 싶은 내용은 모두 이야기하되 어머니의 기분을 상하게 하지 않으면서 나의 이미지를 높이는 상담법을 연습하자. 이것이 흔히 말하는 상담 능력이다. 상담 능력은 선척적으로 생기는 것이 아니고 후천적으로 만들어지는 것임을 기억하라. 그리고 노력하라. 그것이 선생님의 경쟁력을 높여줄 것이다.

6) 영어는 간단한 문법과 Speaking을 테스트하라.

내가 생각하는 가장 중요한 영어 학습법은 바로 말하기다. 특히 초등학생을 대상으로 말이다. 영어는 언어 학습이다. 말하기가 되어야만 읽기와 쓰기도 순차적으로 학습이 될 수 있다. 영어를 가르쳐본 경험이 있는 선생님들이라면 저학년일수록 영어를 배우는 속도가 빠르다는 것을 알 수 있을 것이다. 물론 발음은 말할 것도 없다. 우리도 태어

나서 글부터 배우지 않고 말부터 배우지 않는가. 영어 학습도 마찬가지다.

2016년부터는 수능에서 영어 시험이 폐지되고 수능의 영어 영역을 대체할 예정인 국가 영어 능력 평가 시험(NEAT : National English Ability Test)이 실시될 예정이다. NEAT의 2, 3급은 고등학생용 시험으로 2012년에 본격시행되며, 2013학년도 대학입시 수시모집에 참고 자료로 활용될 예정이라고 한다. NEAT는 기존의 듣기와 읽기 위주의 수능 영어와는 달리 말하기, 쓰기 영역이 추가되어 읽기, 듣기, 말하기, 쓰기 네 가지 영역별 4등급제 절대평가로 운영되는 것이다. 이 교육 정보에서도 알 수 있듯이 앞으로는 영어의 말하기와 듣기 영역의 비중이 많이 높아질 것이다. 그리고 그 부분에 대해서는 선생님만큼 아니 그 이상으로 어머니들도 중요성을 느끼게 될 것이다.

즉 Speaking에 자신이 있는 선생님은 이 부분을 강조하면서 테스트와 학습을 진행하는 것이 좋다. 많은 학부모들이 영어는 학원을 선호하는데, 그 이유가 학원에는 원어민 선생님이 있기 때문이다. 그렇지만 학원은 일대 다수의 수업 형태로 진행되기 때문에 공부방은 이 부분에서 학원과는 차별화를 만들어갈 수 있다. 즉 일대 소수의 학습 진행을 중심으로 학원 이상의 학습 성과를 보여줄 수 있으면 된다.

그럼 테스트는 어떻게 하면 되겠는가? 바로 Speaking 혹은 Free Talking을 하면 된다. 이 방법은 어머니에게 자연스럽게 선생님의 실

1. 주어진 명사의 복수형을 쓰세요.

piano	
brush	
child	
sheep	
man	
box	
apple	
leaf	

2. a . an . the 중 알맞은 것을 쓰고, 필요 없으면 X를 쓰세요.

________sun	________Bomi
________water	________ant
________sky	________bread

3. 주어진 문장을 의문문으로 고치고, 알맞은 대답을 쓰세요.

① Monica brushes her hair.

☛ ______she______her hair

Yes,________. / No,________.

② Jun and Tom play the piano.

☛ ______they______the piano?

Yes,________. / No,________.

4. 빈칸에 단어를 알맞은 형태로 바꾸세요

① Jun-Su __________English hard every day. (study)

② April________an e-mail to teacher yesterday. (send)

③ Michael________for a walk with his dog. (go)

5 주어진 문장을 부정문으로 바꿔 쓰세요.

① It <u>will</u> be sunny.

(   )

② I <u>am going to</u> study English.

(   )

③ Kate <u>needs</u> a bag.

(   )

6 주어진 문장을 해석해 보세요.

① I want this blue belt.

(   )

② I got a C on the math exam.

(   )

③ It was too much homework, wasn't it?

(   )

④ Does he decide to stay at school during three hours?

(   )

력을 보여줄 수도 있고 자녀의 영어 실력을 어머니 앞에서 보여주면서 자연스레 학습 방향도 잡을 수 있기 때문이다. 대부분의 학생들은 듣기는 되지만 말하기는 많이 약하다. 그리고 어머니가 보고 있는 상황에서는 학생이 긴장을 하기 때문에 자신이 가지고 있는 실력 이하로 나올 수 있다. 그렇기 때문에 선생님의 상담 내용은 더욱 설득력을 갖게 된다.

간단하게 5분 정도 학생의 영어 실력을 테스트한 후 상담을 하도록 하자. 어머니에게는 자녀의 현재 영어 실력에 대해 간략하게 설명해도 된다. 어머니가 보는 곳에서 직접 테스트를 했기 때문에 굳이 길게 설

NEAT의 등급 분류

구분	2급	3급
평가 내용	• 기초 학술 주제와 관련된 정보를 이해하고 활용하는 능력 • 학업과 관련된 소재나 상황에 맞게 표현하는 능력	• 실용적 주제와 관련된 정보를 이해하고 활용하는 능력 • 일상생활에서 상황에 맞게 표현하는 능력
현행 교육 과정 연계	영어 II, 독해와 작문, 심화 영어 회화	영어, 실용 영어 회화, 영어 I
2011 개정 교육과정 연계	영어 I, 영어 II, 영어 회화, 영어 독해 작문	실용 영어 I, 실용 영어 II, 실용 영어 회화, 실용 영어 독해 작문
어휘 수준	교육 과정 기본 어휘를 모두 포함한 3,000개의 어휘 기본형	현행 교육 과정에서 제시하는 2,000여 개의 기본 어휘

1급: 대학교 2~3학년 수준
2급: 대학에서 영어가 많이 활용되는 학과 공부에 필요한 수준
3급: 기타 실용 영어 활용 수준의 학과 공부에 필요한 수준

명하지 않아도 된다. 대신 앞으로의 학습 방향에 대해 자료를 바탕으로 상담을 진행하는 것이 좋다. 어떻게 학습을 진행해 나갈 것인지, 그 결과 3개월이나 6개월 후에는 얼마만큼의 실력 향상을 보일 수 있는지를 말이다.

만약 영어 말하기에 자신이 없는 선생님들은 테스트할 내용에 대해서만 연습을 하면 된다. 요즘 학생들은 선생님의 영어 발음에 민감하기 때문이다. 물론 학습을 진행할 때는 보조 교재(예 : CD, 동영상 강의, 프랜차이즈 학습 시스템 등)를 사용하기 때문에 크게 걱정할 필요는 없다.

말하기 테스트가 끝난 후에는 간단한 문법 테스트도 병행하자. 그래야만 학생의 정확한 실력을 파악할 수 있고 선생님이 교재의 난이도를 선택할 수 있기 때문이다. 공부방에 오기 전에 영어 학원을 오래 다녔다고 해서 모두 다 실력이 좋지는 않다. 함께 배운 형제라 할지라도 그 실력은 분명 차이가 나기 때문에 정확한 테스트가 반드시 필요하다는 것을 잊지 말자.

이렇게 수학, 영어 테스트지를 만들었다면 상담할 때 테스트지를 적극 활용하라. 만약 입소문을 듣고 온 어머니가 공부방 등록에 엄청나게 호의적이라 하더라도 테스트지의 결과에 대해서는 꼼꼼히 상담하도록 하자. 이것이 다음 학부모 상담의 내용을 결정해 줄 것이고, 앞으로 선생님이 학생을 지도할 길잡이가 될 것이다.

공부방 입소문
내는 비결

많은 선생님들이 "공부방 홍보에 가장 좋은 방법은 무엇인가요?"라는 질문을 한다. 정답은 바로 입소문이다. 공부방 입소문이 나게 하려면 어떻게 하면 될까?

두 가지를 만족하면 된다. 첫째는 공부방에 다니는 학생들의 성적을 향상시켜라. 그리고 둘째는 공부방 학부모들의 만족도를 높여라. 이 두 가지를 실행하면 선생님이 매일 모든 집에 전단지를 붙이고 문어발 전단지와 현수막을 거는 것에 더해 홍보 물품을 1주일에 한 번씩 뿌리는 것보다 큰 효과를 볼 수 있다.

학부모들이 공부방에 자녀를 보내는 가장 큰 이유는 바로 성적을 향상시키기 위해서다. 공부를 잘하라고 돈을 내고 공부방에 보내는 것인데 그것이 이루어지지 않는다면 공부방에 보낼 이유가 없어진다. 이는 학생들도 마찬가지다. 나와 비슷한 성적의 친구가 있다고 가정해 보자. 나는 이 공부방에서 열심히 공부하는데도 성적이 그대로인데, 친구는 다른 공부방을 다니면서 성적이 많이 향상되었다. 그러면 이 학생은 어떻게 하겠는가? 그 친구를 따라 공부방을 옮기게 된다.

작년 여름, 세미나를 하러 온 한 선생님이 나에게 이런 이야기를 했다. 공부방에 다니는 학생 중 한 명이 선생님에게 "제 친구는 111동 푸르지오 공부방에 다니는데 이번에 반에서 일등 했어요. 그래서 거기에 다니고 싶어하는 애들이 많아요. 저도 갈까요?"라고 수업 시간에 자꾸만 이야기해서 고민된다는 것이다. 어머니에게 이야기해서 그만두게 해야 하는지, 그런 이야기를 하지 못하게 아이에게 주의를 주어야 하는 것인지 모르겠다는 것이다.

나는 그 선생님에게 이렇게 조언해 주었다.

"선생님도 반에서 일등을 하는 학생을 만드세요. 그러면 그런 이야기는 나오지 않게 됩니다."

너무 냉정한 대답이라고 생각하는가? 그러나 이는 당연한 답변이다. 공부방에 다니면서 성적이 그대로이거나 떨어지는 학생들만 있다면 이는 학생들의 잘못이 아니다. 바로 선생님의 잘못인 것이다. 이런 상황이 불만이면 이를 해결하기 위해서 선생님이 노력하는 방법 밖에는 없다.

수업 시간 외에도 학생을 불러서 성적을 끌어올리기 위해 노력하라. 그리고 무엇이 문제인지 파악하고 해결 방안을 찾으려고 노력하라. 그런 노력도 하지 않고 학생들이 말을 듣지 않아서, 학생들이 원래 성적이 좋지 않아서, 어머니가 협조해 주지 않아서 학생들의 성적도 올라가지 않고 공부방 회원이 늘지 않는다고 불평하는 것은 운동도 하지 않고 먹고 싶은 것을 다 먹으면서 살이 빠지지 않는다고 불평을 늘어놓는 것과 크게 다르지 않다.

학부모에게는 아이가 성적이 향상되는 모습과 함께 꼼꼼한 학습 관리의 모습을 보여줄 수 있어야 한다. 다른 곳과는 다른 무언가를 보여주어야만 어머니들도 다른 사람에게 공부방을 자랑하고 추천하지 않겠는가. 어머니들은 항상 자녀의 학습 내용에 대해 많은 궁금증을 갖고 있다.

그렇지만 일이 바빠서, 선생님 수업에 방해가 될 것 같아서 최대한 자제를 하며 자주 묻지 않는 것뿐이다. 그렇기 때문에 항상 시험 결과가 나올 때 선생님과 상담을 하게 된다. 그 사이에 부모는 여러 가지 불만이 쌓일 수 있다. 따라서 선생님들은 학부모와 자주 상담해서 이러한 불만을 사전에 없애고 부모가 안심하고 맡길 수 있는 공부방이라는 이미지를 보여주어야 한다.

상담이 어려운가? 이는 당연하다. 선생님만 힘든 것이 아니다. 선생님이 바쁘고 힘들다는 말은 선생님 주위의 다른 학원이나 공부방도 마찬가지라는 말이다. 그러면 다른 곳에서 하지 않는 것을 선생님 공부방에서는 해준다면 당연히 학부모들의 만족도는 높아지고, 이는 여러분이 운영하는 공부방만의 차별화가 되는 것이다.

그러므로 입소문을 빨리 내고 싶다면 이 두 가지를 만족시켜라. 선생님이 원하지 않아도 입소문은 자연스레 그 지역에 퍼져 나갈 것이다. 그리고 그 만족도와 입소문의 속도는 비례할 것이다.

산만한 아이, 어떻게 지도해야 할까?

선생님들이 공부방을 운영하다 보면 한 번쯤 아니 그 이상으로 만날 수 있는 유형 중 하나가 산만한 학생이다. 이런 학생은 수업을 진행하는 데 방해가 된다. 선생님은 열심히 수업을 하는데 수업 시간에 딴 짓을 하며 다른 아이에게 장난을 치고 수업의 흐름을 끊어놓는다. 그렇다고 그 학생을 매로 다스려서는 안 된다. 절대 나아지지 않고 오히려 그 학생에 의해 선생님의 이미지는 급격하게 추락할 수 있다. 만약 매를 사용해서 나아졌다고는 해도 그 기간이 결코 오래가지 않는다.

그럼 이런 학생은 어떻게 하는 것이 좋을까? 부모에게 이야기해서 공부방을 그만두게 하는 것이 좋을까? 물론 이것도 하나의 방법이 될 수는 있다. 하지만 이 방법은 결코 좋은 해결 방안이 되지 못하고 오히려 부작용이 발생할 수도 있다. 그 학생의 어머니는 기분이 상하게 되고 이 때문에 공부방에 대해 좋지 않은 소문이 날 수도 있다. 대개 부모들은 자녀의 잘못은 생각지 않고 그저 선생님에 대한 야속함만 가득하기 때문이다.

그리고 이런 학생이 아무런 부작용 없이 공부방을 나간다 해도 얼마 지나지 않아 비슷한 유형의 학생이나 그보다 더 심한 학생이 반드시 들어오게 된다. 속으로 '설마……'라고 생각하는가? 공부방을 운영해 본 분들은 아마 "맞아, 맞아."라고 공감하며 무릎을 칠 것이다. 그러므로 이런 학생을 내보내는 방법만 찾으려고 하지 말고 어떻게 하면 이런 유형의 학생을 잘 다룰 수 있을까를 고민하고 실천해 보라.

우선 이런 학생은 항상 선생님 옆에서 공부할 수 있도록 해라. 선생님의 시야에서 벗어나면 벗어날수록 산만함의 정도는 심해진다. 그렇기 때문에 항상 선생님 옆 자리에 앉아서 공부할 수 있도록 지도하자. 그리고 학습을 하다가 산만한 행동을 할 때는 큰 소리로 주의를 주기보다는 조용히 학생의 문제집을 톡톡 친 다음 조용히 하라는 경고를 작은 소리로 하는 것이 좋다.

선생님이 큰 소리로 이야기하면서 주의를 주면 당장의 효과는 있을지 몰라도 지속적인 효과는 나타나지 않는다. 왜냐하면 아이에게 선생님의 화에 대한 면역력이 생기기 때문이다. 즉 선생님이 자주 화를 내게 되면 더 이상 선생님이 무섭다고 느껴지지 않고 원래 화를 잘 내는 선생님이 되는 것이다. 그리고 선생님이 소리를 치는 순간 공부방의 분위기는 썰렁하게 변하고 다른 학생들 역시 그 학생을 문제아 취급을 할 수 있다. 그리고 다른 한편으로는 선생님이 그 학생을 미워하고 차별한다는 소문이 날 수도 있음을 주의하자.

수업을 진행하는 도중 산만한 행동을 하거나 수업에 방해가 되는 행동을 할 때는 그 학생의 손을 책상 밑에서 꽉 잡아주어라. 그렇게 하지 말라고 주의를 주는 것이다. 그러면 수업의 흐름을 끊지 않고 학생에게 주의를 줄 수 있다. 수업이 끝난 후에는 다른 학생들이 보는 곳이 아닌 다른 곳으로 가서 수업 시간의 행동에 대한 잘못된 점을 대화로 이해시켜라. 이 방법을 반복하다 보면 점점 나아지는 학생의 모습을 볼 수 있게 된다.

그리고 다른 곳에서는 문제아 취급을 받는 이 학생이 나에게는 귀여움을 받는다는 생각을 갖게 해줄 수 있다. 즉 나와의 유대 관계가 좋아지는 결과가 되는 것이다. 그러므로 다른 곳에서 문제아 취급을 받는 학생일수록 더욱 감싸고 대화를 많이 해라. 그 학생에게 선생님의 존재는 부모보다 커질 수 있다. 또한 선생님의 인내심 또한 깊어져가는 것도 느끼게 될 것이다.

공부하기 싫어하는 아이도 자기주도형으로 바꿀 수 있다

공부를 좋아서 하는 아이가 몇 명이나 될까? 아마 대부분의 아이들이 공부를 싫어할 것이다. 학생들에게 "공부를 왜 하니?"라고 질문하면 그에 대한 답은 "모른다."와 "엄마와 선생님이 시켜서 한다."가 대부분을 차지할 것이다. 왜 이런 대답을 할까? 그 이유는 공부를 하는 목표가 없기 때문이다. 공부가 재미있지도 않은데 선생님이 시키는 공부의 양은 많고 학생들 입장에서는 매일 공부하는 것이 아무런 목표 없이 마라톤을 하는 기분이 들 것이다. 그만큼 학생들은 공부에 대해 지쳐가는 것이다. 실제로 요즘은 공부에 대한 스트레스 때문에 병원을 찾는 학생들이 많다.

나도 과거에 이런 학생들을 많이 만났다. 그때 당시 나의 학습 방법이론은 '공부는 많이 한 만큼 실력이 향상되고 성적의 오름 폭도 크다.' 는 것이었다. 그래서 최선을 다해 자세히 가르치려고 노력했고 여러 유형의 문제를 많이 풀어볼 수 있게끔 열심히 가르쳤다. 물론 결과는 좋았다. 공부방에 다니는 대부분의 학생들의 성적이 크게 향상되었기 때문이다. 그러나 이 방법은 몇 가지 부작용을 나타냈다.

목표 의식 없이 무조건 학습을 진행했을 때 나타나는 부작용

1) 학생들이 공부에 지치게 된다.

처음에는 성적이 올라서 학생들도 좋아하지만 어느 순간 힘들어하고 공부에 짜증을 내기 시작한다. 선생님이 하는 말에 힘없이 대답하거나 자주 엎드려서 문제를 푼다. 그리고 집에 가서는 부모에게 온갖 짜증을 부리고 심지어 우는 아이도 생긴다.

이런 경우 아이는 공부방에 오기 싫어하고 결국 부모와 자녀 사이에 다툼을 불러올 수 있다. 학년이 올라갈수록 그 정도는 더욱 심해진다고 보면 된다. 이런 현상의 결과는 학생의 휴회나 퇴회로 이어진다.

2) 공부방에 와서 "공부가 싫어요."라고 말한다.

선생님 입장에서는 제일 화나고 힘들 때가 바로 이런 경우다. 대개 이런 유형의 학생은 남학생일 확률이 높다. 그래서 젊은 여자 선생님들일수록 더욱 힘들어한다.

매일 공부방에 와서 다른 아이들이 보는 앞에서 "아~ 공부는 도대체 왜 해요?", "공부하기 싫어요.", "수학(영어) 만든 사람 누구인지 알면 가만 안 둘 거예요." 등 불평을 늘어놓는다. 공부를 싫어한다는 것은 성적이 좋지 않다는 뜻이기도 하다. 실제로 성적이 낮은 학생일수록 이런 말을 좀 더 자주 한다. 그러니 선생님의 입장에서는 성적도 안 좋고 학습을 지도할 때 다른 학생들보다 손이 더 가는데 공부방에 와서 이런 말까지 하니 절대 그 학생이 예뻐 보일 수가 없다.

선생님은 어머니에게 이야기해서 다른 곳으로 공부방을 옮기게 하거나 학생에게 화를 낸다. 그러면 학생은 점점 더 공부방이 싫어지고 결국 스스로 공부방을 그만두게 된다. 그러나 앞에서도 말했듯이 이런 학생이 나간다고 해서 문제가 해결되는 것은 아니다. 기존의 학생들 중에서도 학년이 올라가면서 이런 현상을 보이는 경우가 있고, 새로 들어오는 학생들 중에도 있기 때문이다.

3) 선생님을 나쁜 선생님으로 만들어간다.

공부가 하기 싫어지면 그 공부를 시키는 선생님과 부모는 더 싫어진다. 그래서 부모나 선생님이 하는 말들은 전부 잔소리가 된다. 그렇기 때문에 선생님의 말은 학생에게 설득력을 가질 수 없다. 이 정도가 되면 부모도 선생님에게 상담을 할 수가 없다. 선생님이나 학부모나 아이를 잡지 못하는 것은 똑같기 때문이다. 결국 선생님의 입지는 약해지게 된다.

이보다 더 힘들고 고민되는 부분이 있다. 시간이 갈수록 선생님은 말을 듣지 않는 학생들에게 지치고 화를 내게 된다. 그러면 학생들은 뒤에서 열심히 선생님 욕을 하게 된다. 선생님은 딱히 크게 잘못한 일도 없는데 결론적으로 학생들 사이에서 나쁜 선생님이 되는 것이다. 초보 선생님들이 이 부분에서 가장 힘들어한다. 어디 하소연할 때도 마땅치 않고 그렇다고 마음속에 묻어두자니 점점 우울한 생각만 들기 때문이다. 이러한 고민은 공부방 카페의 질문과 답변 게시판에 자주 올라오므로 공부방 창업에 관심이 있는 분들은 한 번쯤 읽어봤으리라 생각된다.

나도 공부방 운영 초기에는 한 동안 가지고 있었던 고민거리였다. 무조건 열심히 공부시켜서 학생들의 성적이 오르는 건 좋았지만 그만큼 학생들은 공부에 지치고 결국 휴회를 하는 학생이 생기는 등 힘들어지는 상황이 밀어 닥쳤다. 공부방에 학생이 늘어갈수록 공부에 지쳐가는 아이들의 수도 늘어갔고, 공부방을 다니는 모든 학생들의 성적을 올려야 한다는 부담감은 커져만 갔다. 기존에 있던 아이들은 성적을 유지해야만 했고 새로 들어온 아이들은 부모의 기대를 만족시켜야 했기에 나는 정신없이 바쁜 나날들을 보내고 있었다.

그러다 보니 학생들이 적었을 때와는 달리 세심한 지도를 할 수가 없었다. 학생들은 매일 공부방에 와서 나에게 하는 첫 마디가 "오늘은

뭐해요?"였다. 매일 30명이 넘는 학생들이 같은 말을 하면서 공부의 내용과 할 일을 물어보니 순간적으로 짜증이 났다. 학생들은 하나같이 왜 이렇게 공부해야 할 분량이 많고 숙제가 많으냐고 나에게 투덜거렸다. 이런 일들이 점점 나를 지치게 만들었다. 이렇게 가다가는 나 자신이 지쳐서 공부방을 그만두게 될 것 같았다.

그래서 나는 자녀 학습에 관련된 세미나와 학원 또는 공부방 운영 관련 세미나를 찾아다녔다. 그리고 이와 관련된 책을 구입해서 모두 빠짐없이 읽기 시작했다. 무엇이 문제인지 왜 이런 현상이 반복되는지를 알아야 좀 더 안정적으로 공부방을 운영할 수 있을 것 같았다. 그래서 얻은 결론은 바로 학생들의 '목표 의식' 부족이었다. 바꾸어 말하면 목표를 가지고 능동적으로 공부하는 학생들이 수동적으로 공부하는 학생에 비해 상위권을 차지하고 공부에 대한 스트레스 또한 상대적으로 덜 받는다는 것이었다.

그런데 나의 공부방 운영 방식을 살펴보니 수동적인 학습 형태였다. 학생들은 내가 내주는 학습에 대해서만 열심히 할 뿐 스스로 찾아서 공부하거나 열심히 해야 한다는 생각은 상대적으로 적은 편이었다. 하나부터 열까지 내가 학생들의 학습에 관여해 왔던 것이다. 학습 내용, 시험, 숙제, 할 일, 문제 푸는 양 등 학생들이 해야 할 학습에 관련된 것들을 나 혼자 정하고 확인해 왔던 것이다. 학생들은 그저 내가 시키는 대로만 학습을 했다. 그래서 그 양이 많은 날은 당연히 나에게 짜증을 냈고 나는 그 모습에 더욱 화가 났던 것이다. 이런 일이 반복되다 보니 결국 학생들은 공부방을 잠시 쉬겠다고 하거나 아예 그만두는 현상으로 이어졌던 것이다.

나는 고심 끝에 스스로 학습을 할 수 있는 자기주도 학습 프로그램을 만들기로 했다. 자기주도 학습은 학생이 스스로 할 일을 정하고 그것을 실천해 나가는 학습 형태다. 나와 학생들 사이에 마찰이 생겼던 이유 중 하나가 학습해야 할 분량과 숙제 때문이었다. 내가 숙제를 내주면 아이들이 자주 했던 말 중 하나가 "오늘은 학교 숙제가 많아요.", "오늘은 다른 학원 숙제가 많아요."였다. 그 말에 숙제의 양을 줄여주면 다른 학생들과 진도가 맞지 않고 결국 그 부분에서 나는 화를 내는 일이 생기곤 했다.

그래서 나는 선생님이 강제로 시켜서 학습을 하고 숙제를 해오는 시스템을 없애고 학생 스스로가 분량을 정해서 학습을 하고 선생님은 학생이 그것을 실천할 수 있도록 돕는 프로그램을 만들기로 했다. 선생님은 그저 학생들이 자기주도적으로 학습을 해나갈 수 있도록 도와주는 역할을 하는 것이다. 이것이 바로 '플래너(planner) 학습법'이었다. 스스로 일정을 짜고 그 일정에 맞추어 학습을 진행해 나가는 것이다. 요즘은 학생마다 스케줄이 다르고 생활 습관도 다르다. 그러므로 학습해야 할 분량과 숙제 양도 다른 것이 당연하다는 결론이었다.

물론 그 양을 무조건 학생들이 원하는 대로만 하는 것은 아니다. 내가 매주 월요일에 일주일 동안 학습할 내용과 양을 알려주면 학생들은 본인의 스케줄에 맞추어 학습 분량을 요일별로 맞추어 나누는 것이다. 당연히 숙제도 스스로의 선택에 의해 조절하도록 했다. 처음에는 모두들 어리둥절해하는 모습이었다. 그러나 어떻게 학습 계획을 짜야 하는지 힘들어했던 학생들도 차츰 시간이 흐르자 스스로 학습 계획을 짜는 것에 재미를 붙여갔고, 어떤 학생들은 친한 친구들과 계획을 공유하고 경쟁하면서 학습을 해나갔다.

그러자 공부방에 와서도 예전처럼 나를 찾으면서 학습을 진행하는 것이 아니라 스스로 자신이 해야 할 공부를 찾아서 하는 학생들이 늘어만 갔다. 자연히 나와 학생들 사이에 생겼던 마찰도 줄어들게 되고 한결 여유로워진 나는 그 후 학생이 늘어나도 힘들지 않게 공부방을 운영할 수 있게 되었다.

플래너 학습을 진행할 때 가장 중요한 게 있다. 선생님은 학생이 플래너에 적힌 학습 계획대로 실천을 했는지 반드시 확인해 주어야 한다. 그리고 학생이 실천했을 때는 칭찬이 뒷받침되어야만 한다. 1주일 혹은 한 달 동안 플래너 학습 계획을 잘 지킨 학생에게는 선물을 주는 것이다. 학생들에게 아낌없는 칭찬은 긍정적인 효과를 가져온다.

학생들이 자신감을 갖고 학습을 진행해 갈 수 있도록 학생들이 계획에 맞추어 생활했을 때는 칭찬과 격려를 해주자. 더불어 조언자 역할을 해주는 선생님이 될 수 있도록 하자. 그러면 공부를 싫어하고 힘들어했던 아이도 어느새 스스로 학습을 해나가는 자기주도 학습을 하는 아이로 바뀌어 있을 것이다. 당장 실천해 보라. 내가 경험한 이 학습법은 100% 학생들을 변화시켜 줄 것이다. 플래너 학습법은 여러분의 공부방을 다른 공부방과는 차별화된 프로그램을 갖춘 공부방으로 만들어줄 것이다.

'플래너 학습법'으로 차별화해라

학생들의 학습만큼 중요한 것이 학생과 학부모 관리다. 그럼 학부모 관리는 어떻게 해야 할까? 자주 상담 전화를 하자니 크게 할 말도 없고 괜히 부담스러워할 것 같은가? 이는 핑계일 뿐이다. 학부모가 불편해할 것 같은 게 아니고 선생님이 더 불편한 게 아닐까?

상담할 내용이 부담스러워서 그런다면 이는 걱정할 필요 없다. 부모들이 궁금해하는 내용에 대해 상담을 해주면 된다. 그것은 간단하다. 바로 자녀의 학습 내용이다. 우리 아이가 오늘은 공부방에 가서 잘했는지, 무슨 일은 없었는지, 어려워하는 부분은 무엇인지 등 오로지 자녀에 관한 내용만 궁금해한다.

그렇다면 매일 학생들의 학습 내용을 일일이 체크해서 상담을 해야 하는 걸까? 아마 이것이 가능한 선생님은 전국에 한 사람도 없을 것이다. 그러나 공부방을 성공적으로 운영하고 싶다면 이렇게 상담을 하는 것이 맞다. 이렇게 말하면 내 말이 앞뒤가 맞지 않는다고 생각할 것이다. 나도 매일 학습 내용에 대해 학부모와 전화 상담을 하지는 않는다. 그러나 어머니들에게 매일 자녀가 학습한 내용에 대해서는 상담을 해 준다. 바로 '플래너(planner)'로 말이다.

플래너에는 매일 학생들이 학습한 내용이 들어있다. 그리고 그 플래너의 내용은 학생들이 계획한 것이다. 학생들은 스스로 계획한 내용에 맞추어 학습을 진행했고 나는 아이가 그 계획에 맞게 학습을 했는지, 부족한 부분은 없었는지를 확인하고 체크해 준다. 이 학습 플래너가 바로 상담 파일이 되는 것이다. 다시 말해 학습한 내용을 선생님과 부모가 확인을 하고 이 플래너로 상담까지 이루어지는 것이다.

부모는 아이가 매일 학습한 내용을 확인하고 자녀가 스스로 공부하는 습관을 키우는 것에 대해 큰 만족도를 나타낸다. 자연스레 상담 또한 편해진다. 길게 설명하지 않아도 선생님과 학부모는 학생의 학습에 대해 상담을 진행할 수 있다. 이렇게 하면 따로 상담 날짜를 잡아서 상담할 필요도 없고 학부모 또한 공부방에 깊은 신뢰를 가지게 된다.

한 달에 몇 번 상담을 해야겠다고 생각하지 말자. 상담은 따로 날짜를 정해서 하기보다는 매일매일의 학습 내용을 부모와 공유하는 것이 바람직하다. 상담은 어려운 것이 아니다. 다만 그 방법에 따라 어렵게 이루어질 수도 있고 쉽게 부모에게 다가갈 수도 있다. 지금 이 책을 읽고 있는 모든 선생님들이 내가 제안하는 '플래너 학습법'으로 학생들의 공부 습관과 학부모 관리라는 두 마리 토끼를 잡을 수 있게 되길 바란다.

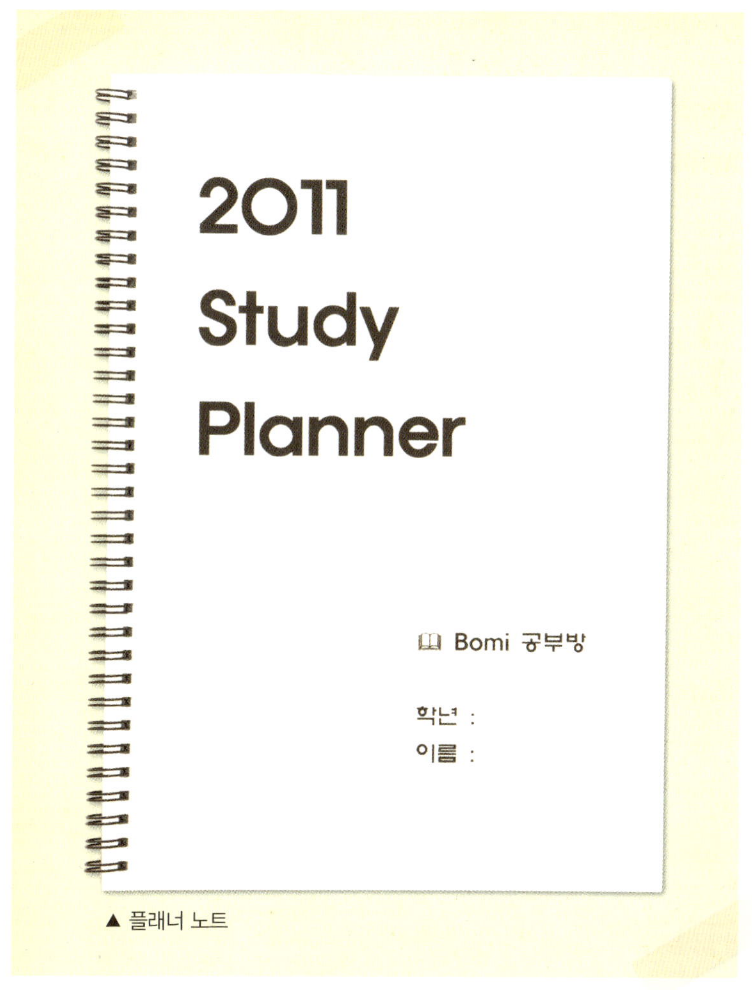

▲ 플래너 노트

퇴회하는 아이, 이렇게 막아라

학생의 어머니가 공부방을 그만두기로 마음먹었다면 그 마음을 돌리기란 쉬운 일이 아니다. 학부모가 공부방을 그만두겠다고 말하는 데에는 몇 가지 유형이 있다.

첫째는 공부방을 계속 다녀야 할지 말아야 할지 고민하는 경우다. 이때 부모와 자녀 사이에 의견이 엇갈리는 경우가 있다. 예를 들어 어머니는 공부방이 너무 마음에 드는데 아이가 공부방을 싫어한다든지, 아니면 공부에는 흥미가 없고 노는 것이 좋아서 당분간 공부방을 쉬고 싶어할 때다. 이 경우는 우선 상담으로 퇴회를 막을 수 있다. 어머니의 마음이 아직까지는 공부방에 있기 때문에 부모가 고민하는 내용이 무엇인지 들어보고 그에 맞는 해결 방안을 찾아주면 된다.

대체적으로 이런 일은 선생님이 학생을 잘 다루어서 사이가 좋으면 좀처럼 일어나지 않는다. 학생이 선생님을 좋아하면 굳이 부모와 아이 사이에 공부방을 가기 싫다는 이유로 다투는 일은 없기 때문이다. 학생과 친해져라. 그러면 퇴회 상담 횟수가 줄어들 것이다.

둘째는 공부방을 정말 그만둘 마음이 있는 경우다. 성적에 대한 불만이든 선생님이 싫어서든 다니던 공부방을 그만두고 다른 곳으로 보내고 싶어하는 경우가 있다. 이때는 솔직히 퇴회를 막기도 힘들고 막지 않는 것이 좋다. 모든 퇴회생을 선생님이 막을 수는 없기 때문이다.

다만 이런 경우의 퇴회 상담은 어머니와 학생과 나쁘지 않게 헤어지는 것이 중요하다. 성적 하락, 다른 학원으로의 이동 등 좋지 않은 이유로 공부방을 그만두는데 거기에 선생님과 학부모의 사이까지 악화된 상태로 그만두게 되면 공부방 선생님은 더 큰 타격을 입게 된다. 가끔 어떤 선생님의 경우 퇴회하는 학생이나 학부모가 그동안 회비도 밀리고 스트레스를 받게 했다는 이유로 그만둔다는 말을 듣자마자 다시는 안 볼 사이처럼 너무 쌀쌀맞게 학생과 부모를 대하는 경우가 있다. 이는 절대 옳지 않은 행동임을 명심하자. 공부방을 운영하고 있는 동안은 학부모와 학생은 고객이다. 고객에게 안 좋은 이미지를 주면 결국 그 동네에서는 절대 좋은 소문이 날 수 없다.

우선 아이와 어머니가 공부방에 대해 좋게 말하지 않을 확률이 높다. 아이도 친구들에게 "거기 못 가르쳐. 나 성적 떨어져서 그만둔 거야.", "거기 선생님 완전 무서워. 막 못하면 소리 지르고 때려.", "거기 선생님, 아이들 차별해. 완전 짜증나. 그래서 나도 그만두고 다른 데 다니는데 거기는 완전 잘 가르쳐." 등등 안 좋은 이야기들을 하고 다닌다. 사실이든 아니든 이런 말이 학생들 사이에서 도는 것은 좋지 않음을 선생님도 알고 있을 것이다.

어머니의 경우는 말할 것도 없다. 안 좋게 말하는 것은 둘째 치고 공부방을 세무서나 교육청에 신고하는 경우도 있다. 이런 상황이 생기면 선생님은 공부방을 운영하는 것 자체에 후회가 밀려올 수 있다. 이 작은 사건 하나 때문에 평생 직업으로 삼으리라 다짐했던 일터가 이 세상에서 가장 싫은 일터로 바뀔 수도 있다. 물론 그렇다고 해서 정말 그만두는 일은 없다. 하지만 그만큼 이러한 일은 선생님에게 큰 스트레스로 다가올 수 있다.

'주위에 적을 두지 말라.' 이 말은 내가 공부방을 운영하면서 항상 마음속에 새겨놓았던 말이다. 지금은 공부방에 불만이 있어서 그만두는 학생일지라도 후에 그 학생과 어떻게 만날지 모르고 나중에 그 학생과 다시 인연을 맺게 될지도 모른다. 따라서 퇴회생이라 하더라도 내 학생처럼 친절함과 미소를 잃지 말자. 아이의 기억 속에 항상 친절하고 좋은 선생님으로 남아라. 그 작은 기억이 선생님을 그 지역 최고의 선생님으로 만들어줄 수도 있다.

셋째는 경제적인 부분에서의 고민이다. 경제가 어려운 시기에 나타나는 유형이다. 학생이 개인적인 사정(캠프, 병가 등)으로 공부방을 자주 결석하는 경우 부모들은 공부방에 내는 회비에 대해 아깝다는 생각을 가지게 된다.

헬스 클럽을 예로 들어보자. 올해는 살을 빼보겠다는 굳은 의지로 한 달에 10만 원을 내고 헬스 클럽에 등록했다. 하지만 이런저런 이유로 한 달에 1주일밖에 가지 못했다. 다음 달에도 운동을 해야 한다는 마음은 있지만 왠지 또 돈을 내기에는 너무 억울한 마음도 있고 돈을 낭비했다는 생각도 든다. 그래서 다닐까 말까 고민하는데 헬스 클럽에서 "지난 달에는 빠진 날이 많으니 이번 달에는 5만 원만 주세요."라고 말을 한다면 어떤 마음이 드는가? 다음 달에 등록을 해야겠다는 생각이 들 것이다.

공부방도 마찬가지다. 내가 아깝다면 남도 똑같이 아깝다는 생각이 든다. 우리나라 학부모들이 아무리 교육비를 아끼지 않는다 해도 이것은 별개의 문제다. 내가 조금 손해를 보더라도 좀 더 넓게 생각한다면 이는 오히려 선생님에게 이득이 된다는 것을 명심하라.

그리고 정말 집안 형편이 어려운 상황도 있다. 아버지가 갑자기 다니던 직장을 그만두게 되었거나, 사업하는 분들은 경제 상황이 좋지 않을 때는 어려움을 겪게 되는 순간이 오기도 한다. 이때는 교육비를 할인해 주거나, 만약 그 학생이 공부를 잘해서 공부방의 얼굴이 되는 학생이라면 장학제도를 만들어 당분간은 무료로 수업을 받을 수 있도록 하는 것도 좋은 방법이다. 그러면 어머니도 고마워하는 것에서 끝나지 않고 다른 학생들을 소개해 주는 경우가 많다. 진정한 교육자로서의 이미지와 공부방에 대한 좋은 입소문은 그냥 얻어지는 게 아님을 명심하라.

퇴회를 100% 막을 수는 없다. 그러나 공부방을 그만두는 아이가 생기더라도 그 방법에 따라 학생과 어머니와의 관계가 달라질 수 있다. 선생님이 공부방에서 일어나는 문제를 어떻게 현명하게 해결해 나가는가에 따라서 공부방의 이미지를 만들어갈 수 있다.

그리고 초보 공부방 선생님의 경우 절대 혼자 고민하지 마라. 퇴회하는 아이가 생겼을 때는 공부방 카페나 주위에 공부방을 하는 선배들에게 자문을 구하는 것이 좋다. 혼자 끙끙대며 고민하다가 학생의 퇴회를 막지 못하면 점점 자신감도 약해지고 우울해지기도 한다. 누구나 처음부터 잘할 수는 없다. 다만 그 피해를 최소화하기 위해 주위의 도움을 받는 것이 현명한 대처 방법임을 기억하자.

1. [illegible]

$2054 + 195 = \square$

2. [illegible]

3. [illegible]

$\square = [illegible]$

4. [illegible]

5. [illegible]

6. [illegible]

$\square \times 25$

$\square + 30 = 72 \qquad \square = 35$

$25 \times 33 = \square$

7. [illegible]

8. [illegible]

9. [illegible]

10. [illegible]

PART 4

1등 공부방 비법, 당장 배우고 응용하고 시도하라

어떻게 하면 학생 스스로 학습하는 힘을 길러줄 수 있을까? 바로 요점 정리와 어휘 찾기 공부를 시키는 것이다. 선생님에게 배운 내용을 스스로 정리하고 공부하는 습관을 길러주면 학습 내용을 기억하는 데 큰 도움이 된다. 이것이 곧 스스로 공부하는 자기주도 학습 습관으로 연결될 수 있는 것이다.

잘 나가는 공부방,
독하게
벤치마킹하라

잘 나가는 공부방과 잘 안 되는 공부방의 차이는 뭘까? 한때 TV에 나왔던 대박 음식점과 쪽박 음식점의 차이와 같다고 보면 된다. 여러분들이 기억하는지 모르겠지만 간단히 설명한다면 이렇다.

그 프로그램은 우리 주변에서 매일 북적대는 손님들 덕분에 엄청난 돈을 벌고 있는 대박 음식점을 찾아간다. 그리고 그 대박 음식점 사장님께 양해를 구한 뒤 쪽박 음식점 사장님이 그곳에서 허드렛일을 하면서 대박 음식점 사장님께 서비스에 대한 교육, 음식을 만드는 법 등을 교육받으면서 비법을 배우고 전수받는 내용이다. 그리고 이 쪽박 음식점이 방송국의 도움을 받아 인테리어도 예쁘게 바꾸고 이제껏 배운 비법으로 새롭게 다시 성공하는 멋진 프로그램이었다.

이 프로그램을 보면서 항상 생각했던 게 벤치마킹(bench-marking)이다. 똑같이 따라할 수 없다면 비슷하게라도 따라하면서 대박 사업을 만들어가야 한다는 말이다. 대박 사업을 운영해 나간다는 것은 남과는 다른 무언가를 가지고 있다는 말이다. 사람들은 누구나 같은 돈을 내고 이왕이면 더 맛있는 음식과 질 좋은 서비스를 받기를 원한다.

이러한 심리는 학부모들도 크게 다르지 않다. 이왕 교육비가 나간다면 우리 아이에게 좀 더 신경 써주고 좋은 성적을 받을 수 있게 해주는 곳을 찾아가기 마련이다. 그럼 어떻게 하면 될까? 자신이 가르치는 학생들에게 더 높은 성적을 받게 해주고 싶고 부모들에게도 더 질 좋은 서비스를 제공하고 싶은데, 방법을 잘 몰라서 마음만 초초하고 잘 나가는 공부방을 보면 그저 부럽기만 한가?

지금 이 순간부터 내가 하는 방법을 그대로 따라해보라. 조금씩 달라지는 아이들과 부모들을 발견할 수 있을 것이다. 그리고 기억하라. 배움은 끝이 없다. 계속해서 발전해 나가는 공부방을 운영하기 위해서는 끊임없는 노력이 필요하다는 것을 말이다.

전문 공부방
이미지로 공략하라

지금 자신이 사는 동네의 공부방 수를 한 번 세어보라. 게시판이나 현수막, 광고지를 보면 주위에 공부방이 얼마나 있는지 50%는 알 수 있다. 나머지 50%는 겉으로 들어나 있지 않은 어느 곳엔가 있다는 것을 명심하라. 평균 잡아서 1,000세대 아파트를 기준으로 운영되고 있는 공부방 수는 5~10개 사이다. 자신이 운영할 공부방은 이 기준의 공부방과 주위의 학원, 교습소와도 경쟁해야 하는 것이다.

그러기 위해선 좀 더 전문적인 이미지로 학부모에게 다가가고 이를 어필해야 한다. 학부모들이 브랜드를 따지는 이유는 그 브랜드를 믿기 때문이다. 그렇다면 그에 맞는 또는 그 이상의 전문성을 보여주어야만 학부모들이 흔들리지 않고 여러분의 공부방 회원이 되는 것이다. 지금부터 전문 공부방 이미지를 만드는 법에 대해 알아보도록 하자.

전문적인 이미지는 성공하는 공부방을 운영하기 위해서는 선택이 아닌 필수 요소다. 앞으로는 점점 전문성을 갖춘 공부방이 타 공부방에 비해 성공할 수 있다. 그럼 어떤 방법으로 차별성과 전문성을 두어야 할까? 전문성과 차별화를 갖기 위해서는 프랜차이즈가 필요할까? 아니다. 공부방의 차별성과 전문성은 선생님의 노력에 달려있다. 선생님의 노력 여하에 따라서 선생님만의 색깔을 갖춘 공부방이 된다. 바쁘게 공부방을 운영하라. 그러면 어느 순간 주위에서 부러워할 만한 공부방을 운영하고 있는 자신을 발견할 것이다.

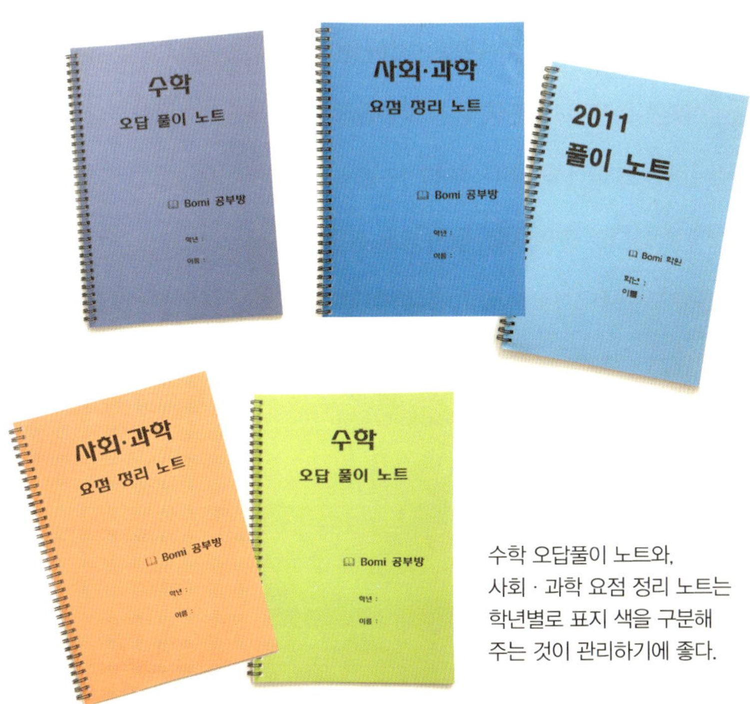

수학 오답풀이 노트와,
사회 · 과학 요점 정리 노트는
학년별로 표지 색을 구분해
주는 것이 관리하기에 좋다.

교재를 직접
풀어보는 학구파
선생님이 돼라

내가 처음 공부방을 하기로 마음먹은 후 가장 먼저 한 일은 서점에 가는 것이었다. 학원에서 특정 학년의 수학을 가르치거나 학습지 교재만 가르쳐왔기 때문에 전 학년의 학습 내용에 대한 정보가 필요했다. 공부방을 운영하려면 초등학교 전 학년과 중학생들을 가르쳐야 하기 때문이다.

이왕이면 큰 서점이 좋을 것 같아서 교보문고로 향했다. 우선 초등학교 문제집 코너에 가서 여러 문제집들을 훑어보았다. 서점 직원에게 요즘 잘 나가는 문제집이 무엇인지 물어보기도 하고 교과서와 초등학교 문제집 내용을 천천히 살펴보았다. 학원 강사로 일할 때 썼던 교재도 살펴보고, 학습지 선생님을 할 때 만난 공부방 운영자였던 어머니가 사용하던 교재도 꼼꼼히 살펴보았다. 교재의 종류가 너무 많아서 보면 볼수록 무엇을 결정해야 할지 깊은 고민에 빠지게 되었다. 문제집 내용이 다 비슷해 보이기도 했고, 아직 어떤 부분이 중요하고 어떤 문제집이 필요한지 확신이 서질 않았다.

그렇게 교보문고에서 다섯 시간 넘게 이리저리 돌아다니면서 문제집을 살펴보았지만 결국 어느 문제집으로 할지 결정하지 못하고 다이어리 가득 문제집 이름과 가격, 난이도만 적어 왔다. 사실 이 난이도라는 게 문제집에 적혀 있는 응용, 심화, 경시로 구분해 놓은 것일 뿐 내가 정확하게 무엇을 알고 난이도를 나눈 것은 아니었다. 공부방을 오픈하기로 마음먹은 시기는 점점 다가오고 마음만 초조했다.

이 상태로는 문제집 결정이 너무 어려울 것 같아서 좀 더 정보를 수집하기로 했다. 아는 선배들 중 초등학교 자녀를 둔 언니에게 학원에 상담을 받으러 가자고 부탁했다. 물론 언니의 아이들에게 맛있는 저녁을 대접해 주기로 하고 말이다. 보습학원, 공부방, 영어 학원 등을 찾아다니면서 아이들은 테스트를 받고 나는 옆에서 "여기서는 어떤 교재를 사용하나요? 어느 교재가 좋은가요? 이 교재의 난이도는 어떤가요?" 등 교재 정보 수집에 나섰다.

어떤 선생님들은 그런 나를 이상한 눈으로 쳐다보기도 했다. 그때는 미리 약속한 대로 언니가 "애들 이모인데 이제까지 아이들 공부를 봐주고 있었거든요. 그래서 저보다 아이들 학습에 관심이 저렇게 많네요."라고 말해주었다. 그러면 선생님들은 나에게 교재와 학습 프로그램에 대해 더 자세히 설명해 주었다.

다음날부터는 학습지를 하는 아이들 중 학교 성적이 좋은 아이들이 푸는 문제집을 조사하기 시작했다. 우선 상위권과 중위권 아이들이 푸는 문제집을 살펴보았다. 모두들 학원 교재를 공통으로 사용하고 있었고 상위권 아이들은 경시대회 문제집이나 창의력 수학 같은 것을 풀고 있었다. 그리고 상위권 아이들 대부분이 선행반에서 공부를 하고 있었다. 영어도 초등학생이면서 중학생 수준 이상의 문법과 독해를 하고 있었다.

상위권 아이들이 푸는 경시대회 문제집을 보자 솔직히 자신감이 사라지는 기분이 들었다. 내용이 너무 어려웠던 것이다. '아니, 무슨 초등학생이 이렇게 어려운 문제를 풀어? 아이가 특이한가?'라는 생각을 하면서 아이에게 "너희 학원에서 너처럼 이런 문제집을 푸는 아이들이 많니?" 하고 물어보았다. 아이는 어이없게도 "네, 저희 학원 얘들은 거의 경시대회에 나가요."라고 말했다. 무슨 특목고 전문 학원도 아니고 보통 학원인데, '이렇게 난이도가 높은 문제집을 꼭 풀 필요가 있을까?'라는 생각이 들었다.

하지만 상위권 자녀를 둔 부모들은 자신의 아이가 남들보다 더 높은 수준의 문제를 풀면서 공부하기를 원했고, 학원은 그런 부모의 요구를 만족시켜 주려면 어쩔 수 없는 일이었다. 실제로 공부방을 운영하면서 상위권 학생들을 살펴본 결과 그 아이들은 자신들이 남들과 달리 어려운 문제를 풀고 다른 학생들이 배우지 않는 것을 학습해 나가는 것에 만족해했다. 즉 상위권 학생 스스로도 남들과는 다른 높은 수준의 문제를 풀기를 원하고 있었다.

이렇게 공부방을 운영하기 위해 교재 정보를 조사한 지도 한 달이 넘어가고 있었다. 나는 그동안 모은 교재들 중 꼭 필요하다고 생각되는 초등학교 각 학년의 학기 교재를 풀어보기로 했다. 교재의 흐름을 알아야 학부모와 상담할 때 자신감 있게 말할 수 있고, 학생들을 가르칠 때도 도움이 될 것 같아서였다.

공부방을 창업하기 전에 풀었던 교재 목록

- 초등 전 학년 국어, 수학, 사회, 과학 〈디딤돌〉(총 20권)
- 〈개념원리〉 발전편 · 응용편(총 6권)
- 〈EBS 중학 영문법〉(총 3권)

나는 교재 구입에만 30만 원 가까이 투자했다. 책을 구입하면서도 '꼭 풀어야 할까? 그냥 몇 권만 풀까? 나중에 학생들을 가르치면서 풀어봐도 되지 않을까?' 하는 생각이 머릿속에서 떠나질 않았다. 어쨌든 사온 교재니 하루에 세 시간씩 살펴보면서 공부를 하기로 했다. 전체적인 교재 흐름도 알아야 하고 문제의 난이도가 어느 정도인지 알고 싶었기 때문이다.

교재를 풀면서 느낀 점은 쉬운 부분은 아주 쉽지만 어려운 부분은 도대체 아이들에게 어떻게 설명을 해주어야 잘 이해할 수 있을지 고민이 되었다. 그렇게 열심히 교재를 풀어보면서 나름대로 수업 방법을 연구하고 수업 진도를 계획했다. 문제를 풀면서 조금은 자신감이 붙는 느낌이 들었고 나름 상담법도 연구했다. 그렇게 상담 내용과 수업 방법을 준비하고 나니 교재 구입에 들어간 돈이 전혀 아깝지 않았다.

학생들의 오답 이유를 정확히 파악하라

공부방을 준비하는 분들 대부분이 초등학교 학습 문제를 쉽게 생각하는 경우가 많다. 그렇기 때문에 학생들이 문제를 풀어오면 답안지를 보면서 채점을 해주고 틀린 부분은 다시 고쳐오게 한다. 그런 후 두 번째 푼 답이 정답일 경우에는 바로 동그라미를 쳐주면서 그 다음 단계로 진도를 나간다. 물론 그렇지 않은 분들도 있겠지만, 대부분의 선생님들은 아이 스스로 문제를 고치게 한 후 다시 푼 문제가 맞으면 아이가 이해한 것으로 알고 넘어가는 경우가 많다.

이 부분에서 나에게 이러한 질문들이 쏟아질 것이다. "틀린 문제를 전부 고쳐주어야 합니까? 그럼 시간이 많이 걸릴 텐데요?", "원래 실수를 잘하는 아이입니다. 정말 몰라서 틀리는 게 아니기 때문에 아이 스스로 고치게 하는 걸요."라고 말하는 분들도 분명 있다. 그럼 나는 반대로 이런 질문을 하고 싶다. "아이가 그 문제를 100% 이해하고 고친 것인지 확신할 수 있습니까? 정말 실수가 확실합니까?" 이 질문에 대해 어떤 선생님도 100% "네."라고 답하지는 못할 것이다. 나도 공부방을 운영하면서 겪었던 실수였고, 이제껏 만나본 모든 공부방 선생님들이 공감한 이야기이기 때문이다.

만약 100% 확실하게 아이가 알고 푼 문제인지 모르고 푼 문제인지 파악할 수 있는 분이라면, 분명 지금 소문난 공부방을 운영하고 있는 선생님일 것이다. 우리는 이런 분들을 소위 '실력 있는 선생님'이라고 부른다. 좋은 대학을 나왔다고 해서 '실력 있는 선생님'이 되는 것은 아니다. 정말 실력 있는 선생님은 아이가 학습할 부분에 대해 고민하고 아이들보다 더 많은 문제를 풀어보고 항상 준비하는 티칭 습관을 가지고 있다. 그런 선생님은 보통 선생님이 꼬박 5년을 일해야 얻을 수 있는 티칭법을 1년 안에 얻을 수 있다.

내가 공부방을 시작할 때 남보다 화려한 경력이 있어서 혹은 좋은 대학을 나와서, 운이 좋아서 성공하는 공부방을 운영할 수 있었던 것은 결코 아니다. 하지만 지금도 자신 있게 말할 수 있는 것은 나는 항상 아이들이 푼 문제에 오답이 나온 이유를 찾아보며 학습 준비에 철저했고 좋은 결과를 얻기 위해 열심히 노력해 왔다는 것이다. 선생님들이 아이들에게 가장 많이 하는 말이 "머리가 아무리 좋아도 노력하는 사람을 이길 수는 없다."는 것이다. 처음부터 타고난 사람은 없다. 하지만 노력하는 선생님은 분명 성공한다는 것을 잊지 말자. 지금부터 내가 했던 수업 준비법에 대해 알아보도록 하자.

수업하기 전에 학생들이 풀 문제를 미리 풀어본다

수업을 진행하기 전 그날 학생들이 풀 문제를 모두 미리 풀어본다. 그러면 문제를 풀면서 '이 부분은 아이들이 헷갈려할 수 있겠구나. 이 부분은 개념 정리에 나오지 않는 부분이니까 따로 정리해서 수업해 주어야겠구나.' 등 수업 내용을 미리 계획할 수 있다.

그리고 학생들이 문제를 풀어 왔을 때 왜 그 문제를 틀렸을까를 파악하는 데 시간을 절약할 수 있다. 선생님이 미리 문제를 풀어보았기 때문에 학생들이 어느 부분에서 실수를 해서 오답이 생겼는지를 보다 쉽게 파악할 수 있기 때문이다.

문제집에 나오는 모든 어휘에 대해 공부해 둔다

학생들이 알고 있는 어휘 수준은 현재 선생님이 생각하는 것의 반에도 못 미친다고 생각하면 된다. 학생들이 문제를 풀 때 오답이 생기는 이유 중 30% 이상이 어휘의 뜻을 잘 모르기 때문이다. 그렇기 때문에 이 부분에 대해서도 미리 준비해서 학생들이 쉽게 내용을 받아들일 수 있도록 어휘를 풀어서 설명해 줄 수 있도록 하자.

예) • 방위의 위치가 상대적이다.

┈▶ '말하는 사람의 위치에 따라서 방위가 달라진다.'는 뜻이에요.

• 경사가 완만하다.

┈▶ '경사가 급하지 않다. 즉 비교적 낮은 산.'을 뜻하는 거예요.

학생의 마음을 읽고 성적향상 전략을 짜라

공부방 운영에 있어서 가장 중요한 것은 학생들의 성적을 향상시키는 것이다. 이것이 입소문의 시작이자 공부방 운영의 핵심이다. 이 내용은 누구나 알고 있으므로 더 이상 강조하지는 않겠다. 어떻게 하면 학생들의 성적을 향상시킬 수 있을까?

학생들의 학습에 있어서 중요한 부분을 간단히 정리해 보면 다음과 같다. 수학은 다른 어떤 과목보다도 기초가 중요한 과목이다. 그렇기 때문에 기초가 약한 학생은 수학을 어려워할 수밖에 없고 오답 수도 많을 뿐만 아니라 수학을 푸는 시간도 오래 걸린다. 수학은 기초를 바로 잡은 후에 많은 유형의 문제를 스스로 생각해서 풀 수 있는 힘을 길러주는 것이 좋다. 그렇게 하면 수학은 더 이상 어렵고 짜증나는 과목이 아니고 재미있고 자신감 있는 과목이 된다. 수학에서는 무엇보다 학생들의 오답 수를 줄이는 것이 중요하다. 그렇기 때문에 어떤 유형의 오답 종류가 있는지 알아보고 그에 따른 해결 방법을 적용해 나가는 것이 좋다.

국어, 사회, 과학은 어휘와의 싸움이라고 해도 과언이 아니다. 새로운 용어를 배우고 그에 따른 내용을 공부하는 것인데 무슨 뜻인지도 모르는 상태에서 열심히 암기만 한다고 해서 과연 성적이 향상될까? 오히려 배우면 배울수록 공부가 어렵다는 이야기만 늘어놓을 것이다. 모르는 내용을 무조건 암기하고 문제를 풀라고 하니 말이다. 따라서 기본적인 어휘부터 충실히 공부해 나가는 학습을 시키도록 하자.

영어는 듣기와 말하기 중심이 되는 학습을 시키도록 하자. 초등학교 고학년과 중학생들은 문법과 읽기, 쓰기도 무시할 수 없는 부분이지만 그렇다고 듣기와 말하기를 배제한 학습을 시켜서는 안 된다.

나도 공부방을 운영하면서 많은 시행착오를 겪었다. 이유도 알 수 없이 학생들이 공부방을 그만두기도 하고, 열심히 노력은 하는데 학생들의 성적이 어떤 때는 잘 나오고 어떤 때는 성적이 확 내려가는 것이었다. 평소에는 공부방에 와서 열심히 공부하면서도 정작 집에 가면 힘들다며 엄마에게 그만 다니게 해달라고 말하는 아이도 있었다. 그때마다 나는 아이들과 엄마의 탓으로 모든 잘못을 돌리곤 했었다. '애가 머리가 나쁘니 아무리 열심히 가르쳐도 안 되지. 엄마가 아이 공부에 관심을 안 가져주니 방법이 있나. 엄마가 애한테 휘둘리다니 쯧쯧. 시험 문제가 너무 어렵게 나온 것을 나보고 어쩌라고, 다른 학원이나 공부방에 다니는 아이들도 다 성적이 떨어졌다는데…….' 이렇게 항상 학생과 부모의 잘못 때문에 성적이 떨어지고 학습 성과가 잘 나오지 않는 것이라고 생각했다. 아니 그렇게 생각하는 것이 마음 편했다.

그러나 그런 일이 되풀이될수록 나는 홍보를 더욱 열심히 해야만 했다. 공부방을 그만두는 아이들만큼 학생들이 들어와 주어야 수익이 유지되었기 때문이다. 그리고 공부방에 상담을 하러 오는 아이들 대부분이 중위권이나 중하위권 아이들이었다. 항상 똑같은 일상이 반복되는 것 같았다. 점점 홍보를 하는 것도 지쳐갔고 눈에 띄게 성적이 좋아지는 학생들도 보이지 않았다. 이대로 가다가는 동네 아이들이 한 번씩 거쳐가는 공부방이 될 것만 같았다.

성적이 오르지 않는 아이들은 시험을 볼 때마다 또는 한 학기에 한 번씩 철새처럼 이 공부방에서 저 학원으로 옮겨 다녔다. 공부를 조금 한다는 아이들은 성적을 유지시키기 위해 더욱 엄격하게 공부를 시켰지만 결국 아이가 스트레스를 받는다는 이유로 공부방을 쉬겠다 했다. 여기서 방법을 찾지 않으면 앞으로 1~2년 안에는 다른 곳으로 공부방을 옮겨야만 할 것 같았다.

우선 공부방 아이들에게 화내는 것을 줄여보려고 마음먹었다. 그동안 나는 공부방에서 카리스마 있는 선생님으로 통하면서 아이들을 엄격하게 가르쳐왔다. 물론 가끔씩 농담을 주고받기도 했지만 근본적으로는 엄하게 공부를 가르쳐야만 학생들이 선생님을 무서워해서 질서도 잘 잡히고 숙제도 잘해오기 때문이다. 그래서 초기에 엄마들에게 큰 호응을 얻을 수 있었다. 하지만 이 방법은 학생들이 선생님을 무서워하는 것은 물론 선생님을 싫어하는 이유가 되기도 했다. 그래서 여기에 선생님을 싫어하는 학생들의 반응에 대해 적어보았다.

위의 내용 중 세 가지 이상이 해당되면 지금 여러분의 행동과 공부방 운영에 대해 다시 한 번 생각해 보는 것이 좋다. 나 또한 그랬기 때문이다. 부모들이 선생님을 좋아하면 그 아이는 공부방을 1~2년은 다닌다. 하지만 학생이 선생님을 좋아하면 3~5년은 다닌다. 물론 성적이 잘 나온다는 전제 조건이 있음을 명심하자. 부모와 아무리 친해도, 학생이 선생님을 아무리 좋아해도 성적이 나오지 않는 공부방에 돈을 주면서까지 학생을 보내는 학부모는 없다.

그래서 나는 학생들의 학습에 집중을 하기로 했다. 내가 가르치는 것에는 문제가 없어 보이는데 왜 학습을 시킨 만큼 성적이 안 나오는지를 알고 싶었다. 우선 학생들이 틀리는 문제에 대해 "왜 이 답을 썼니?"라고 질문하기 시작했다. 그리고 어려운 문제인데 정답을 맞춘 문제는 "어떻게 해서 이 답이 나왔니?"라고 질문했다. 이렇게 매번 학생들이 푼 문제에 대해 질문을 하기 시작했다.

이렇게 수업을 하다 보니 학생들이 공부방에 머무르는 시간이 1~2시간씩 늘어나기 시작했다. 집에 가고 싶어서 얼굴을 찡그리거나 엎드려서 문제를 푸는 아이도 생겼다. "똑바로 못해!"라고 소리 지르고 싶은 것을 꾹 참고 힘들어하는 아이에게 다가가 사탕을 입에 넣어주면서 "조금만 참고 하자. 선생님이 이따가 아이스크림 사줄게."라면서 학생들을 달랬다. 항상 엄하게만 수업을 했던 나는 학생들이 당황해하는 모습을 보고 너무 쑥스럽기도 하고, 어쩔 땐 '이렇게까지 해야 하나.' 하는 생각이 들어 자존심이 상했다. 그러나 이렇게 하지 않으면 공부방을 잘 운영해 나갈 수 없을 것 같았다.

그러다 보니 스트레스는 점점 쌓여만 갔고 누군가에게 이 스트레스를 풀고 싶었다. 그래서 가끔씩 공부방 선생님들이 자주 들리는 카페에 가서 마음에 들지 않는 학부모 흉도 보고 나를 힘들게 하는 학생의 흉도 보았다. 그러고 나니 마음이 좀 편해지는 것 같았다. 선생님들도 만약 공부방을 운영하면서 스트레스를 받는 일이 있다면 나와 같은 방법으로 스트레스를 풀어보라. 자신과 같은 직업을 가진 사람들과 공감대를 형성해 나가면 그 사람들이 내 편을 들어주기 때문에 스트레스 해소에 나름 큰 효과를 볼 수 있을 것이다.

이렇게 인내심을 발휘해 가면서 오답률을 분석해 보고 학생들이 푼 문제의 방법을 찾아가다 보니 몇 가지 문제점이 드러났다. 오답의 가장 근본적인 원인은 기초 학습에 충실하지 못했다는 것이었다. 그럼 지금부터 이 문제점들과 해결 방법에 대해 알아보도록 하자. 이 학습법을 읽고 기초에 충실한 선생님이 되자. 내가 많은 시간과 노력을 투자해서 알아낸 학습 방법이므로 꼭 활용해서 학생들의 실력 향상에 도움이 되도록 하자. 그러면 이 기본적인 것이 여러분을 유능한 선생님으로 만들어줄 것이고, 학부모들에게도 무한한 신뢰를 얻게 될 것이다.

다음은 내가 아이들을 가르치면서 얻은 학습 노하우로서, 학생들의 성적을 향상시키기 위해서는 반드시 알아두어야 할 아이들의 유형별 특성에 대해 정리한 것이다.

수학은 연산 과정의 실수를 잡아라

연산 실수는 주로 성격이 급하거나 성적이 낮은 학생들이 자주 하는 실수다. 이 경우 두 가지 유형으로 나누어볼 수 있다. 우선 연산 속도가 빠른 학생의 경우 너무 급하게 문제를 풀다보니 실수가 나온다. 그리고 글씨를 남이 알아보기 힘들 정도로 엉터리로 쓰는 경우도 많다. 즉 6과 9를 0같이 쓰고 2와 3이 구분이 안 될 정도로 날려 쓰는 경우가 그렇다. 이런 학생들에게는 문제를 풀 때 꼭 풀이과정을 써서 보여 달라고 해보자. 오답이 생기는 문제의 풀이과정을 보면 중간에 연산 실수를 했거나 본인이 쓴 숫자를 잘못 읽고 계산을 엉뚱하게 해서 틀리는 경우가 80% 이상이다.

이때 학생이 푼 오답 풀이과정을 잘 가지고 있다가 학부모와 상담할 때 상담 자료로 이용해야 한다. 즉 아이가 실수하는 이유를 정확히 알고 그 문제에 대해 상담을 하고 해결 방안을 이야기해서 노력하는 모습을 보여주면 학교 시험에서 아이가 실수를 한다 해도 부모들은 선생님 탓으로 돌리지 않는다. 오히려 선생님이 열심히 가르쳐주었는데도 자신의 자녀가 또 실수한 것에 대해 미안한 마음을 갖는다. 이 방법을 잘 기억해 두자. 이 상담 방법은 여러분께 장기 회원을 만들어줄 것이고 학부모의 신뢰와 더불어 입소문의 행운을 가져다줄 것이기 때문이다.

또 다른 유형은 연산 속도가 느린 학생의 경우다. 연산 속도가 느리기 때문에 다른 학생들이 수학 문제집 2장을 풀 때 혼자 1장밖에 못 푸는 경우가 많다. 아니 그 이하의 경우도 있다. 그러니 당연히 공부하는 데 시간이 많이 걸리고 공부는 열심히 하는 것 같은데 성적이 안 나오는 것이다. 이런 경우는 학년이 올라갈수록 시험 볼 때 시간이 부족해서 문제를 다 풀지 못하고 틀리는 경우가 생긴다. 정말 열심히 공부했지만 시간이 부족해서 2~3문제만 못 풀어도 수학 점수는 80점대가 되는 것이다. 부모들은 항상 결과만을 보고 판단하기 때문에 이러한 과정을 설명해 주지 않으면 결과적으로 여러분은 성적을 올려주지 못하는 무능한 선생님이 되고 마는 것이다.

더 최악의 유형은 위의 두 가지를 합친 유형이다. 말하자면 연산 속도도 느린데 연산 실수까지 하는 경우다. 이런 아이를 선생님들은 하위권이라고 한다. '하위권=공부 못하는 학생'이란 뜻이다. 선생님들은 이런 학생들에게 많은 시간을 투자하려 하지 않는다. 그것도 당연한 것이 이 경우 다른 학생들에 비해 더 많은 시간을 투자해야 하고 투자한 시간만큼 큰 효과가 나타나지 않기 때문이다. 그러나 기억하자. 우리가 흔히 말하는 하위권 학생을 상위권으로 올려놓았을 때 그 효과는 상위권 학생의 평균을 2~5점 올리는 것보다 몇 배는 크다는 것을 말이다.

그럼 앞에서 말한 이런 문제가 있는 학생들은 어떻게 하면 성적을 올릴 수 있을까? 답은 간단하다. 연산 실력을 높여주면 되는 것이다. 연산의 중요성은 굳이 이야기하지 않아도 누구나 알고 있을 것이다. 그렇기 때문에 많은 학부모들이 학습지를 시키거나 연산 문제집을 사서 풀리는 것이다. 엄마들이 어떤 과목의 학습지를 가장 많이 시킨다고 생각하는가? 바로 수학이다. 즉 연산 학습지로 수학의 기초를 잡아주려고 하는 것이다. 그럼 공부방에 다니는 모든 학생들에게 학습지를 시키면 될까? 아니다. 공부방 선생님이 공부방에서 연산을 잡아가면 된다.

우선 학생들의 연산 실력을 파악해 보자. 같은 학년이라고 해서 모두 같은 수준의 연산 실력을 가지고 있지 않기 때문에 이 점에 주의해서 실력을 테스트해 보자.

우선 학생들에게 테스트지를 풀린다. 그리고 나서 오답 수와 속도를 체크한 후 오답이 두 문제 이상 나오거나 문제 푸는 속도를 초과했을 경우에는 본인 학년보다 한 학년 아래의 연산 교재를 사서 풀린다.

오답률도 없고 시간 안에 문제를 푼 학생들은 본인 학년의 연산 문제집을 사서 풀리면 된다. 그리고 매일 하루에 5분 정도의 분량을 꾸준히 시킨다. 어떤 학생은 5분 안에 1장을 푸는 학생도 있지만 어떤 학생은 반장을 풀기도 하므로 꼭 1~2장씩 장수를 정해서 풀기보다는 시간을 정해서 그 시간 안에 풀 수 있는 만큼만 풀리는 것이 좋다.

연산 학습을 하면서 푸는 속도가 빨라져서 반장을 풀던 학생이 한 장 반을 풀게 되면 그 다음 날부터는 다시 한 장 반을 풀리면 되는 것이다. 이렇게 학생들이 연산을 하는 데는 많은 시간이 필요하지 않기 때문에 수업시간 10분 전에 미리 와서 풀게 하면 수학 실력 향상에 큰 도움이 된다.

상담할 때도 이 부분을 설명해 주면 연산을 잡아가면서 공부를 가르치기 때문에 많은 학부모들이 좋아한다. 물론 집에서 학습지를 푸는 아이가 있다면 굳이 공부방에서 이중으로 연산 학습을 시킬 필요는 없다. 그러나 연산 학습을 하지 않는데 수학 문제 풀이과정에서 실수를 하거나 수학을 푸는 속도가 느린 학생에게는 꼭 필요한 학습이므로 부모와 상담한 후 연산 학습을 시작하길 바란다. 이는 1등 공부방이 될 수 있는 또 하나의 차별화 학습이 될 것이다.

- 1학년 : 한 자릿수 덧셈과 뺄셈을 30~40문항 정도 한다. (1분 안)

- 2학년 : 두 자릿수와 한 자릿수의 덧셈과 뺄셈 10문항 + 두 자릿
  수와 두 자릿수의 덧셈과 뺄셈 10문항(1분 안)

연산 테스트지 2학년	1학기 덧셈과 뺄셈 (1분기) 김보미 공부방 연산 테스트지	2011년 월 일 오답 수 : / 초 : 이름 :

①	8 + 6 =		㉑	9 - 5 =
②	9 + 5 =		㉒	6 - 3 =
③	7 + 9 =		㉓	7 - 6 =
④	4 + 8 =		㉔	4 - 4 =
⑤	5 + 5 =		㉕	8 - 2 =
⑥	4 + 6 =		㉖	16 - 7 =
⑦	2 + 9 =		㉗	19 - 3 =
⑧	8 + 7 =		㉘	10 - 8 =
⑨	3 + 9 =		㉙	14 - 9 =
⑩	6 + 6 =		㉚	20 - 5 =
⑪	10 + 5 =		㉛	16 - 7 =
⑫	12 + 4 =		㉜	18 - 6 =
⑬	20 + 2 =		㉝	17 - 4 =
⑭	16 + 4 =		㉞	20 - 8 =
⑮	11 + 9 =		㉟	11 - 9 =
⑯	10 + 7 =		㊱	13 - 3 =
⑰	13 + 5 =		㊲	14 - 5 =
⑱	16 + 2 =		㊳	26 - 7 =
⑲	14 + 6 =		㊴	30 - 8 =
⑳	10 + 10 =		㊵	20 - 10 =

▲ 초등학교 2학년 연산 테스트지

- 3학년 : 세 자릿수와 두 자릿수의 덧셈과 뺄셈 10문항 + 두 자릿수와 한 자릿수의 곱셈과 나눗셈 10문항(2분 안)

- 4학년 : 세 자릿수의 곱셈 5문항 + 세 자릿수와 두 자릿수의 나눗셈 5문항 + 분모가 같은 분수의 덧셈과 뺄셈 10문항(3분 안)

- 5학년 : 세 자릿수의 곱셈과 나눗셈 7문항 + 분모가 다른 분수의 덧셈과 뺄셈 8문항(3분 안)

- 6학년 : 분모가 다른 분수의 덧셈과 뺄셈 10문항 + 분수의 곱셈과 나눗셈 10문항(2분 안)

수학 문제 아래에 식과 풀이과정을 쓰게 하라

고학년으로 올라갈수록 학생들이 수학을 푸는 데 많은 공식과 풀이과정이 필요하다. 특히 도형과 혼합 계산이 나오는 부분에서는 더욱 그러하다. 이 경우 학생들은 꼭 중간에 한 부분씩 계산을 하지 않고 넘어간다. 예를 들어 설명해 보자.

삼각형의 넓이를 구하는 문제가 있다. 삼각형의 넓이를 구하는 공식은 '밑변 × 높이 ÷ 2'이다. 하지만 이 부분에서 '÷ 2'를 하지 않고 넘어가는 학생이 있다. 너무 급하게 풀어서 그렇기도 하지만 아직 수학 공식이 익숙지 않은 상태에서는 중간 부분을 잊어버리는 경우가 많다.

이런 학생에게 무조건 문제가 틀렸다고 다시 풀어오게 하는 것은 학생뿐만 아니라 선생님에게도 큰 스트레스가 된다. 수학을 풀 때는 항상 문제 아래에 식과 풀이과정을 쓰게 하는 것이 좋다. 그렇게 해야만 학생이 어느 부분을 자주 잊어버리는지, 어느 부분에서 반복적인 실수를 하는지 알 수가 있다. 또한 학생에게도 본인이 어느 부분이 약하고 고쳐야 하는지를 눈으로 보면서 설명해 줄 수 있기 때문에 학생 스스로가 주의해서 문제를 풀 수 있는 습관을 길러줄 수 있다.

학생이 써 온 식과 풀이과정을 보면 학생이 그 문제를 이해했는지, 아니면 실수를 하는지 바로 파악할 수 있다. 만약 식 자체를 세우지 못하는 학생에게는 개념에 대해 다시 설명해 주거나 문제에서 물어보는 것이 무엇인지에 대해 다시 설명해 주면 학생의 학습 이해력을 향상시킬 수 있다. 또한 식에서 실수를 했을 때는 틀린 부분에 밑줄을 치고 왜 이 부분이 잘못되었는지, 어느 부분을 보고 다시 생각해야 하는지 설명해 주면 학생 스스로 문제를 해결해 나갈 수 있다.

마지막으로 식은 바로 세웠지만 풀이과정에서 실수를 한 학생에게는 잘못된 부분에 빨간색으로 밑줄을 쳐주고 그 부분부터 오답을 수정하게 하면 학생들이 오답 문제를 수정하는 데 사용되는 시간을 줄일 수 있기 때문에 더 많은 학습을 하는 데 큰 도움이 된다.

이와 같이 항상 수학 문제를 푸는 데 식과 풀이과정을 쓰게끔 가르치고 오답을 고쳐가면, 학생 스스로 문제를 해결해 나가는 힘을 기를 수 있고 문제를 꼼꼼히 푸는 습관을 갖게 된다. 이러한 방법으로 가르치면 학생들의 수학 점수는 100% 향상된다.

문제풀이를 스스로 하도록 돕는 8단계 방법

학생들 중에는 문제를 풀어오라고 하면 문제가 너무 어렵다고 하면서 모르겠다고 그냥 가지고 와서 문제 푸는 법을 물어보거나 숙제를 내주면 무조건 별표를 해오는 경우가 있다. 이는 정말 문제가 어렵고 몰라서 못 푸는 경우가 있고, 또 한편으로는 문제를 깊이 생각하지 않고 무조건 선생님에게 물어봐서 빨리 답을 찾고자 하는 경우가 있다.

이때 대부분의 선생님들이 틀린 문제에 대해 무조건 설명을 해주는데, 이는 학생의 학습 향상에 전혀 도움이 되지 않는다. 10명 중 9명은 몰라서 틀린 문제를 한 번 설명해 준다고 해서 바로 그 문제를 이해하지 못한다. 다음에도 비슷한 유형의 문제가 나오면 전혀 모르는 문제처럼 선생님에게 같은 질문을 한다. 선생님은 분명 설명을 해준 문제인데 전혀 기억하지 못하는 학생에게 점점 화가 나게 되고 처음과는 달리 좀 더 엄하게 설명을 해주게 된다.

그러면 학생은 선생님이 자신에게 화를 내면서 가르친다고 생각하고 후에는 정말 모르는 문제도 질문하기 어려워한다. 그 결과 학생의 성적 향상은 힘들어지고 결국 공부방을 그만두는 결과가 나타난다. 이때 선생님은 학생의 머리가 나쁘고 노력을 하지 않기 때문이라고 생각하는데, 학부모와 학생은 실력 없는 선생님이라고 전혀 다른 결론을 내려버린다. 이런 학생들이 많을수록 공부방의 입소문이 좋지 않게 나는 것은 당연한 결과다.

그럼 어떻게 하면 될까? 비슷한 유형의 문제를 뽑아서 학생이 이해할 때까지 계속해서 풀리면 될까? 물론 틀린 방법은 아니다. 실제 이런 방식으로 수학을 가르치는 곳이 많다. 하지만 이보다 더 효과적인 방법은 학생 스스로 문제 해결 방법을 찾아가는 학습을 시켜주는 것이다. 문제를 모두 설명해 주고 심지어 풀이과정까지 써주는 것은 답안지를 주면서 보고 풀어보라는 것과 크게 다르지 않다. 학생이 모르는 문제가 있으면 다음과 같은 방법으로 학생을 지도해 보자.

1. 학생 스스로 문제를 읽도록 한다.

2. 문제에서 물어보는 것이 무엇인지 물어본다.

3. 문제를 해결하기 위해 주어진 조건이 무엇인지 물어본다.

4. 문제를 해결하기 위해 식을 세워보도록 한다.

5. 식에서 틀린 부분에 빨간색으로 밑줄을 쳐주고 스스로 고쳐보게
   한다. (그 전에 왜 그렇게 생각했는지를 반드시 물어본다. 그리고 그
   식이 왜 잘못되었는지를 설명해 준다.)

6. 틀린 부분을 수정하지 못하면 문장의 어느 부분에서 힌트를 얻
   어야 하는지 밑줄을 쳐준다.

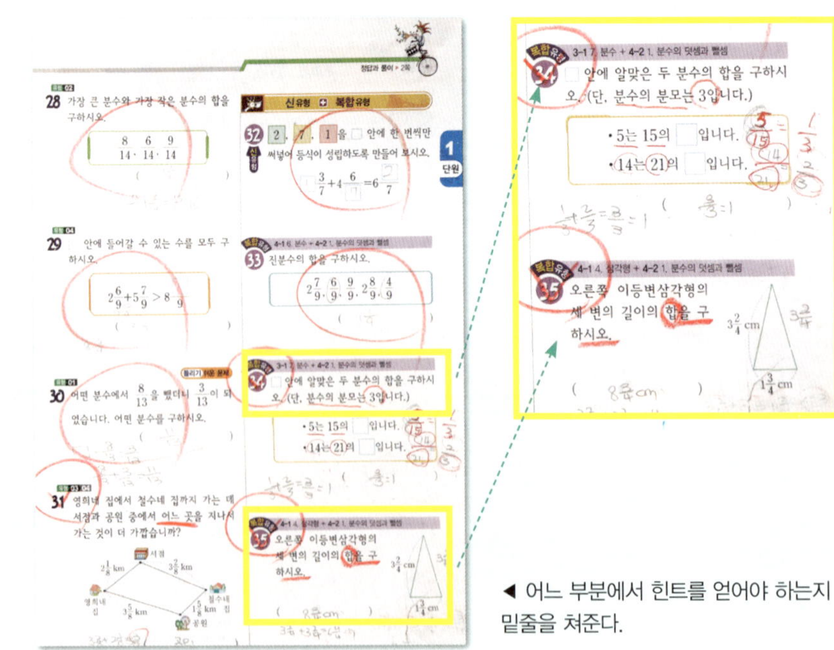

◀ 어느 부분에서 힌트를 얻어야 하는지
밑줄을 쳐준다.

7. 식을 제대로 세웠는지 살펴보고, 식이 맞다면 그 식에 맞추어 풀이과정을 쓰게 한다. (풀이과정은 따로 풀이 노트를 만들어 그곳에 풀이과정을 쓰게 하고, 선생님은 오답이 나왔을 때 그 풀이과정 중 잘못된 부분이 있는지 확인을 해주면 된다.)

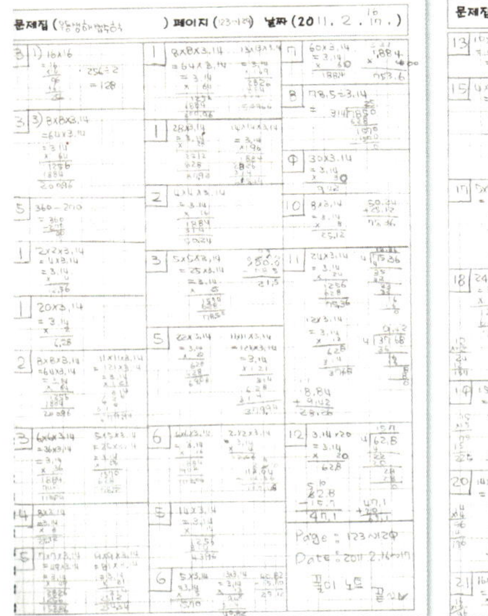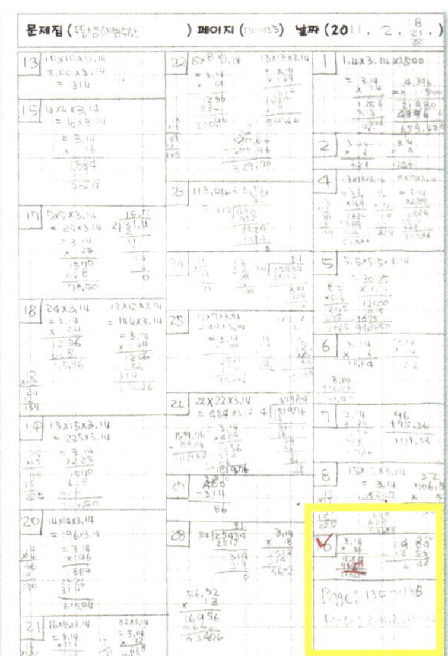

▲ 풀이 과정 중 잘못된 부분이 있는지 확인해 준다.

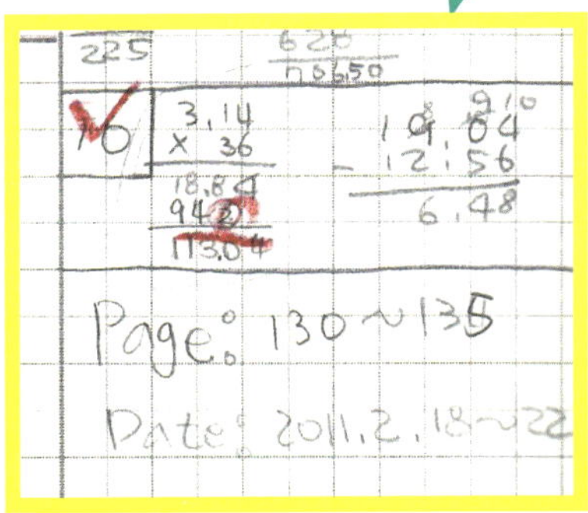

8. 풀이과정 중 실수한 부분이 없는지 살펴보고 단위와 함께 답을
적게끔 가르친다.

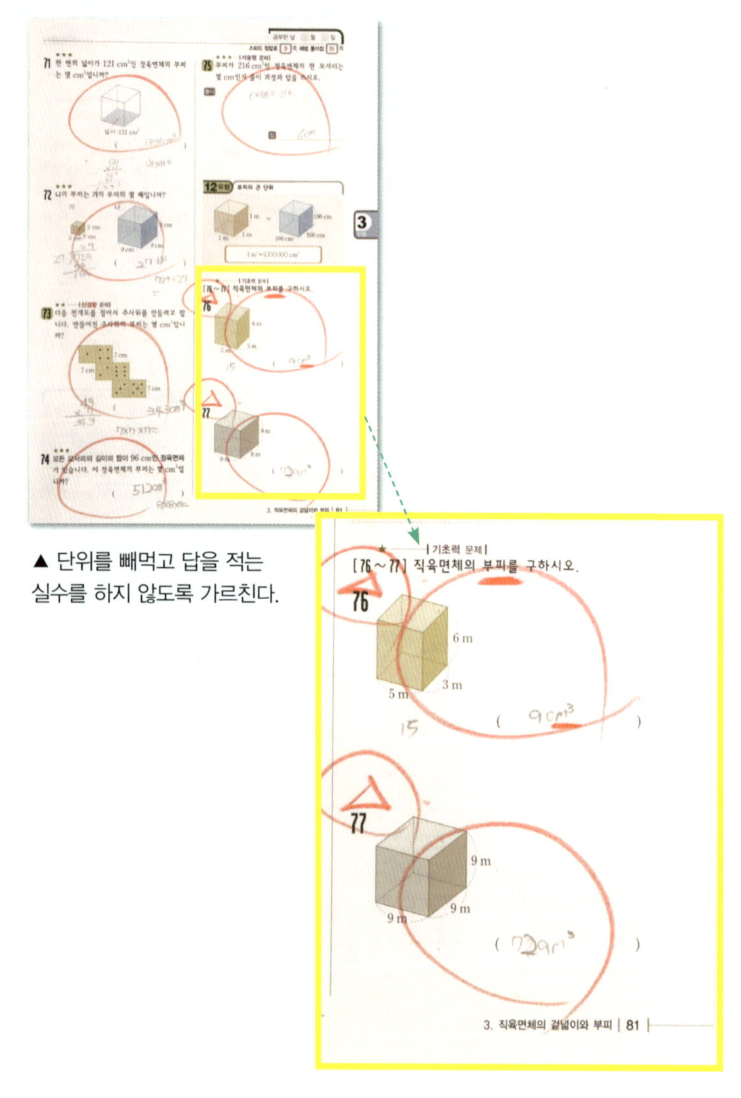

▲ 단위를 빼먹고 답을 적는
실수를 하지 않도록 가르친다.

이와 같은 방법으로 학생들을 가르치면 스스로 문제를 생각하는 힘이 생긴다. 이렇게 문제를 해결한 후에는 다른 학생이나 선생님에게 이 문제에 대해 설명을 하게 한다. 그러면 이 문제를 더 잘 이해하게 되고 더욱 오래 기억하게 된다. 즉 무조건 문제를 반복적으로 풀리는 경우는 비슷한 유형의 문제를 10문제 정도 반복해야 문제를 이해하고 기억하는데, 이 방법은 유사 문제를 세 번 정도만 반복하면 그 문제에 대한 해결능력이 생기고 그 이상으로 수학에 대한 창의성도 길러줄 수 있어서 수학 실력 향상에 큰 도움을 줄 수 있다.

학생들의 어휘 실력을 올리는 7단계 방법

아이들에게 문제를 풀게 한 후 채점을 하고 틀린 문제를 수정하게 하면 바로 맞는 문제가 있고, 2~3번 반복적으로 고치게 해도 틀리는 문제가 있다. 이 경우 학생들이 틀린 문제를 모두 옳게 수정해 올 때까지 되풀이하여 문제를 풀게 하는 것이 옳을까? 아니면 틀린 문제를 모두 설명해 주는 것이 맞을까?

실제로 내가 만나본 선생님들 중 의외로 많은 분들이 첫 번째 방법으로 학생을 가르치고 있었다. 나는 이 사실을 알고 적잖이 놀라기도 했지만, 이 부분이 바로 내가 운영하는 공부방이 다른 학원과는 경쟁력을 가질 수 있었던 이유라고 생각했다.

사실 부끄러운 이야기이지만, 나도 초기에는 첫 번째 방법으로 학생들을 가르쳤다. 그때는 그것이 잘못된 방법이라는 것을 몰랐다. 그저 여러 유형의 문제를 많이 풀어보게 하는 것이 좋다고 믿었기 때문이다. 수학도 많은 양의 문제를 풀게 하고 사회, 과학, 국어는 중요한 부분을 설명해 주고 무조건 외우게 했다. 암기 과목은 특히 내용을 이해하는 것도 필요하지만 중요 부분을 암기해야만 문제를 풀 수 있다고 믿었기 때문이다. 그래서 학생들에게 중요 부분을 정리해 주고 외우기를 시키고 공부방에서 다 못 외운 부분은 집에서 외워 오라고 시켰다. 영어도 단어와 문장을 반복적으로 쓰고 외우기를 시키면서 교과서와 문제집의 내용을 암기하도록 지도했다.

물론 이와 같은 방법으로 가르치면 성적은 아주 잘 나온다. 특히 저학년일수록 올백도 기대할 수 있을 정도로 좋은 성적이 나온다. 그래

초기의 학습 지도 방법

1. 교과서와 문제집에 나온 개념에 대해 확실하게 설명해 준다.
2. 중요 부분은 암기하도록 지도한다. (중요 부분을 정리해서 나누어 준다.)
3. 암기한 부분은 단답형으로 질문하거나 쪽지 시험으로 테스트를 한다.
4. 암기가 끝난 후에는 문제집을 풀게 한다.
5. 여러 문제를 반복적으로 풀 수 있게끔 프린트물을 준다.

서 초기에는 많은 학부모들에게 호응이 아주 좋았다. 하지만 이 방법은 선생님들에게 장기 회원을 만들어주지 않음을 명심해라. 왜냐하면 이 방법은 학년이 올라갈수록, 학습 속도가 느린 학생들일수록 스트레스를 받게 되고 결국 공부에 흥미를 잃게 된다. 그리고 학력이 높은 학부모들에게는 좋은 호응을 기대하기 힘들다. 왜 그럴까? 나는 이 실패의 경험을 바탕으로 수업 지도 방법을 바꿈으로써 결국 남들이 부러워하는 공부방을 운영할 수 있게 되었다. 그 지도 방법은 무엇일까?

여러분들은 앞에서 말한 지도 방법 중 잘못된 부분을 찾을 수 있겠는가? 내가 이 같은 방법으로 아이들을 지도하면서 범했던 가장 큰 실수는 학생들의 수준을 너무 높게 생각한 것이다. 학생들이 교과서에 나오는 몇 가지 어휘만 빼고 다 이해했을 것이라는 전제를 깔고 수업을 진행했던 것이다. 문제집을 풀게 했을 때도, 학생들에게 수업 내용 중 중요한 부분을 암기하게 했을 때도 이 같은 실수를 한 것이다.

학생들을 선생님 기준에서 생각하지 말라. 대부분의 학생들은 선생님이 생각하는 것보다 훨씬 어휘가 약하다. 이것은 학생들이 선생님이 수업하는 내용을 100% 다 이해하지 못했다는 의미도 되고 문제를 풀 때도 문제의 말뜻이나 보기에 나오는 어휘의 뜻을 몰라서 답을 찍었다는 의미도 된다. 실제로 학생들이 틀린 문제 중 오답의 이유를 알아보면 30% 이상이 어휘의 뜻을 정확히 이해하지 못해서 틀린 경우이다.

그렇기 때문에 학생의 어휘 수준을 높여줄 필요가 있다. 학부모들도 무조건 암기하는 학습보다는 개념을 스스로 이해하고 어휘 학습을 중요시 하는 티칭을 선호한다.

1. 교과서와 문제집에 나온 개념 정리를 중심으로 개념에 대해 확실하게 설명해 준다.
2. 학습 부분에 나오는 어휘 공부를 시킨다.

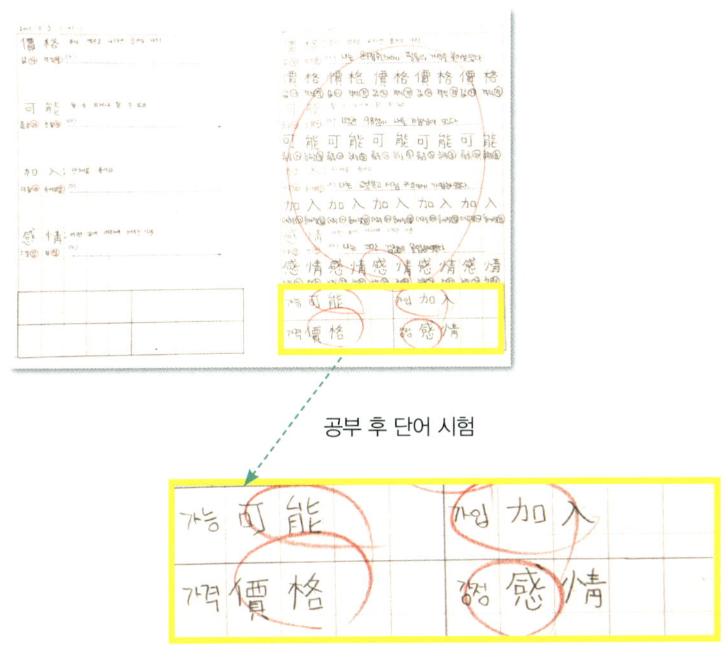

공부 후 단어 시험

▲ 어휘 공부와 한자 급수 시험 대비에 효과적인 학습법이다. 어머니들의 호응이 굉장히 좋다. 단어는 직접 손으로 써도 좋고 프린트해서 붙이는 학습을 시켜도 좋다.

3. 중요 부분은 암기하도록 지도하고 요점을 정리해서 나누어준다.

4. 암기한 부분은 질문을 하거나 쪽지 시험으로 테스트를 한다.

5. 암기가 끝난 후에는 문제집을 풀게 한다.

6. 여러 문제를 반복적으로 풀 수 있게끔 문제를 프린트해서 준다.

7. 반복해서 틀리는 유형의 문제는 오답이 나왔을 경우 스스로 잘 못된 부분을 수정하도록 지도한다.

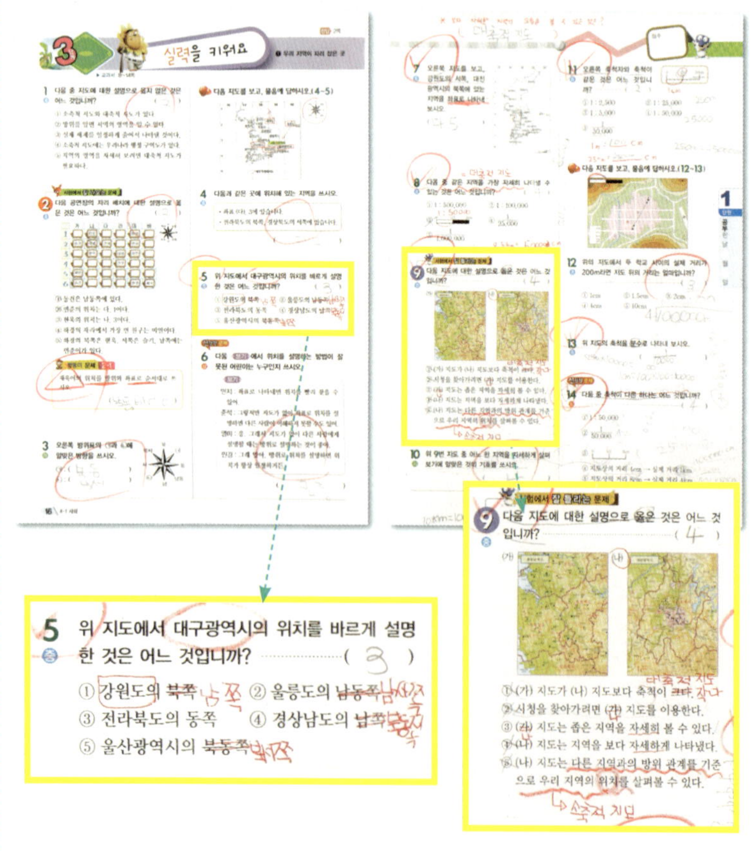

스스로 요점을 정리하고 어휘를 공부하도록 가르쳐라

스스로 학습을 할 수 있는 학생으로 키워라. 국어, 사회, 과학을 가르칠 때 학생들이 가장 많이 하는 이야기 중 하나가 "어려워요.", "이걸 다 외워요?", "어디 공부해요?" 등이다. 이는 선생님에게 의지하려는 학습 습관을 나타내는 말이다. 선생님이 일일이 쫓아다니면서 "이거 중요하니까 외워라.", "이 단어는 ~라는 뜻이야." 등 학습을 100%로 도와주기란 힘든 일이다.

어떻게 하면 학생 스스로 학습하는 힘을 길러줄 수 있을까? 바로 요점 정리와 어휘 찾기 공부를 시키는 것이다. 선생님이 열심히 개념에 대해 설명해 주었는데도 학생들의 머릿속에는 그 내용의 50%도 채 남아있지 않은 경우가 많다. 왜냐하면 학생들은 그 내용을 처음 학습하는 것이고 학습한 내용 중에는 반 정도가 새로운 어휘로 되어 있기 때문이다. 그렇기 때문에 선생님에게 배운 내용을 스스로 정리하고 공부하는 습관을 길러주면 학습 내용을 기억하는 데 큰 도움이 된다. 이것이 곧 스스로 공부하는 자기주도 학습 습관으로 연결될 수 있는 것이다.

선생님은 학생들이 정리한 내용을 살펴보고 중요한 내용 중에서 빠진 부분은 없는지 체크하고, 문제를 내주어 꼼꼼히 학습했는가를 확인하는 보조 역할을 하는 것이 좋다.

◀ 사회, 과학 요점 정리 노트. 프린트해서 나누어주지 말고 노트로 제작하는 것이 좋다.

1 월 3 일

대단원: 1단원	소단원 ④⑤ 우리나라의 인구

요약 & 정리

산업 → 인간의 생활을 경제적으로 풍요롭게 하기위하여 재화나 서비스를 생산하는 활동이다. <1차산업, 2차산업, 3차서비스업>

자연적조건 → 기후, 지형, 용수, 동력, 원료, 토지
사회적조건 → 소비시장, 교통, 노동력, 자본, 정부의 정책 → 공업의 입지조건

※ 교통과 교통수단의 발명에 따른변화
< 이동시간과 지역간의 시간 거리를 감소시켰다.>
< 대도시를 중심으로 하는 생활권의 범위가 더욱 넓어지게 되었다. >
※ 교통수단의 발달에 따른 산업화와 도시화
(사람과 물자의 이동이 활발히 해지면 산업화와 도시화는 더욱 촉진된다)

우리나라의 전통 공업
강화도 → 화문석, 통영 → 나전칠기, 남원 → 목기, 안동 → 삼베,
전주 → 한지 등이 오늘날에도 전해 오고있다.

Bomi 어휘정리

입지	공장이 어떤 상소에 들어서 봄
교역	주로 나라와 나라 사이에서 물건을 사고 팔고 하여 바꿈
공업	자연에서 얻은것을 가공하여 인간생활에 유용한 물건을 만들어 내는 활동

Q & A
① 인간의 생활을 경제적으로 풍요롭게 하기위하여 재화나 서비스를 생산하는 활동은 무엇입니까? (산업)
② 교통과 교통수단의 발달에
(이동시간과 지역간의 시간, 거리
③ 통영의 전통 공업은 (나전칠기

▲ 학습한 내용을 스스로 정리 할 수 있도록 지도한다.

▶ 학습한 내용 중 새로 배운 어휘는 스스로 정리한 후 어휘의 뜻을 이해할 수 있도록 지도한다. 그렇지 않으면 분명히 선생님이 설명한 내용인데도 후에 배우지 않았다고 하는 경우가 있다.

---

1 월 20 일

대단원: 2단원	소단원 ③④ 세계속의 우리경제

요약 & 정리

→ 1997년 우리나라경제에 많은 외환을 빌려주었다.
국제통화기금 (IMF) → 국제금융기구
세계무역기구 (WTO), 자유무역협정 (FTA)

※ 경제위기를 극복하기위한 노력
정부 : 일자리제공, 불합리한 제도의개선, 관리·감독의 강화
기업 : 구조 조정, 빚을 갚기위한 노력
국민 : 금모으기운동 참여, 절약하는 생활의 실천, 국산품 쓰기운동의 호응

재화무역 : 눈에 보이고 만져지는 재화를 대상으로 하는 무역
서비스무역 : 관광·운송·통신 서비스 등 눈에 보이지 않는 것을 사고 파는 무역

– 수출 – 경공업 → 감소, 중화학공업 → 증가
– 수입 – 연료수입 → 증가, 반도체, 원유 → 증가, 기계, 곡물 → 감소
→ 무역과 비슷하게 성질이 다른 거래

※ 교역 (직접적인 물물교환) 거래 (상인과 상인, 상인과 소비자 사이에서 사고 파는것)

Bomi 어휘정리

재화	돈과 같이 사고 파는 모든 물건
자본	상품을 만드는데 필요한 생산 수단이나 노동력을 통틀어 이르는 말
양극화	서로 점점 더 달라지고 멀어짐
실업급여	근로자가 실직했을 경우 실직자나 그가족의 생활안정, 원활한 취업을 돕는 지급

Q & A
① 경제위기를 극복하기위하여 정부가 해놓은 노력들을 적어보시오
(일자리제공, 불합리한 제도의개선, 관리·감독의 강화)
② 관광, 운송, 통신 서비스등눈에 보이지 않는것을 사고 파는 무역을 무슨 무역입니까?
답은 (서비스무역)
③ 반도체와 원유는 (증가 / 감소) 되었습니다.
④ 무역과 비슷하지만 성질이 다른 거래를 쓰시오. (직접적인 물물교환)
(교역)

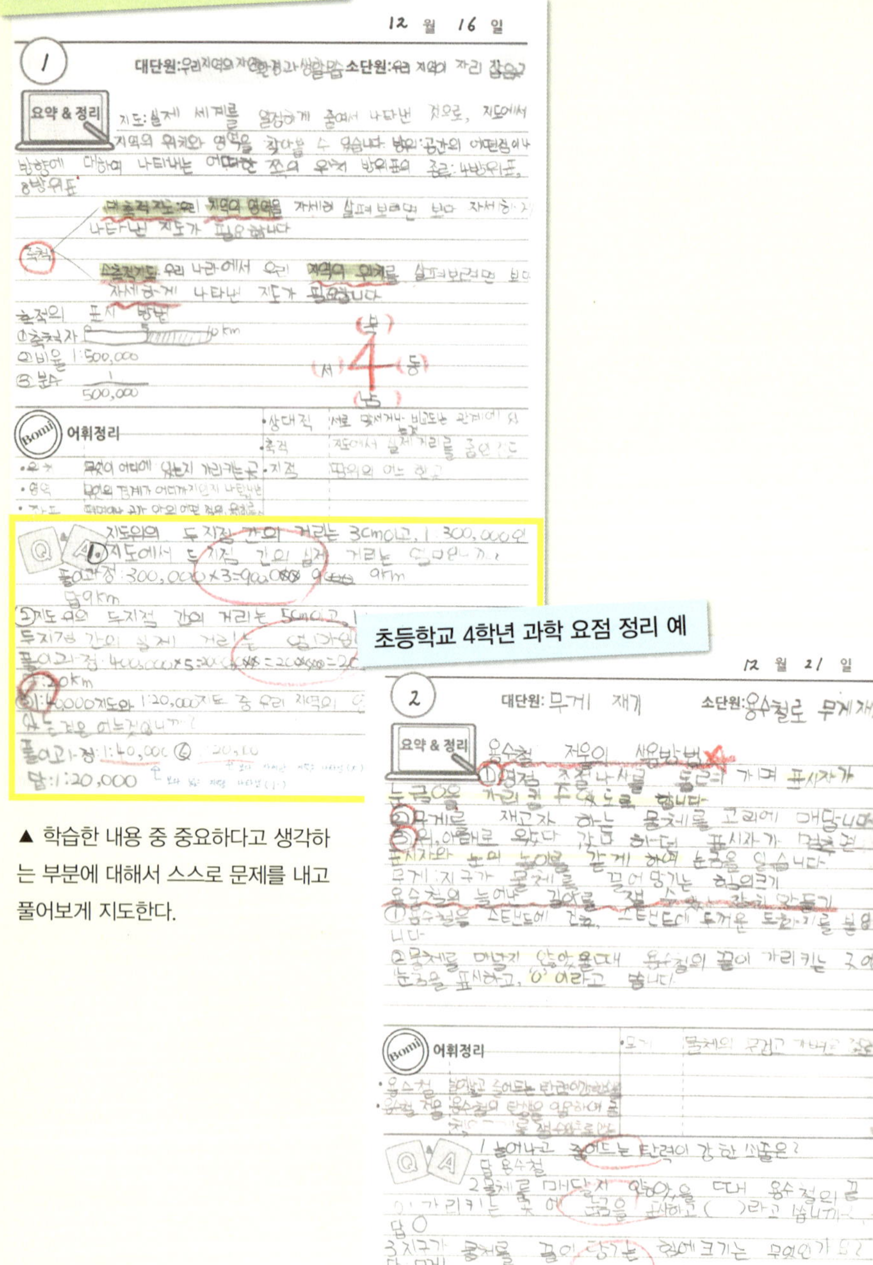

▲ 학습한 내용 중 중요하다고 생각하는 부분에 대해서 스스로 문제를 내고 풀어보게 지도한다.

▶ 추가적인 확인 문제를 선생님이 써 주고 학습 상태를 체크하면 꼼꼼히 가르친 흔적이 남아서 좋다.

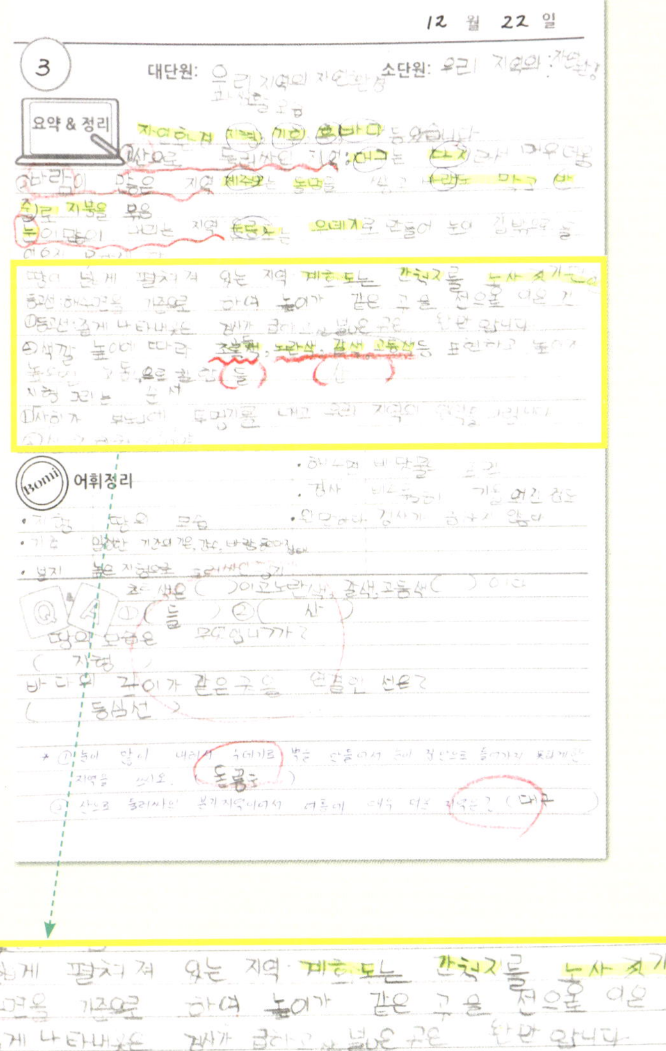

▲ 학습 내용을 요점 정리 한 내용 중 확인할 부분에는 간단하게 문제를 내서 체크하는 것이 좋다.

오답노트와 오답스티커를 적극 활용하라

수학에서 기본 문제가 아닌 응용 문제를 풀 때 학생들은 틀린 문제를 반복해서 틀리는 경우가 대부분이다. 이는 아직 그 문제에 대해 정확하게 이해하지 못해서 그렇기도 하고 같은 실수를 반복하기 때문이다. 이 문제를 해결하기 위해서는 어떻게 하면 좋을까? 그저 많은 문제의 유형을 풀리면 될까? 아니다. 다른 유형의 문제를 풀리기보다는 틀렸던 유형의 문제를 다시 풀게 하는 것이 좋다.

한 가지 예를 들어보자. 학생이 틀린 문제를 모른다고 해서 선생님이 설명해 주었다고 하자. 1주일 후 그 문제를 숫자만 바꾸어서 풀게 하거나 다른 문제집에서 비슷한 유형의 문제가 나오면 80% 정도는 그 문제를 다시 틀리거나 모른다고 대답한다. 그렇기 때문에 한 번 틀린 유형의 문제나 학생이 어려워하는 문제는 오답노트에 기록한 뒤 다시 풀어보게 해야 한다. 시험 때 오답노트를 활용하여 틀린 유형의 문제를 다시 한 번 꼼꼼히 정리하면 시험 대비를 할 때도 많은 도움을 받을 수 있다.

오답 스티커 활용 방법은 스티커 샘플을 보고 프린트해서 사용해도 되고 스티커 형태로 제작해서 활용해도 된다. 이 방법은 특히 엄마들이 많이 좋아한다. 왜냐하면 자신의 아이에게 맞추어 하는 1:1 학습 형태로 생각하여 굉장히 만족해한다.

수학뿐만 아니라 사회, 과학, 영어도 이 같은 형태로 활용하면 좋다.

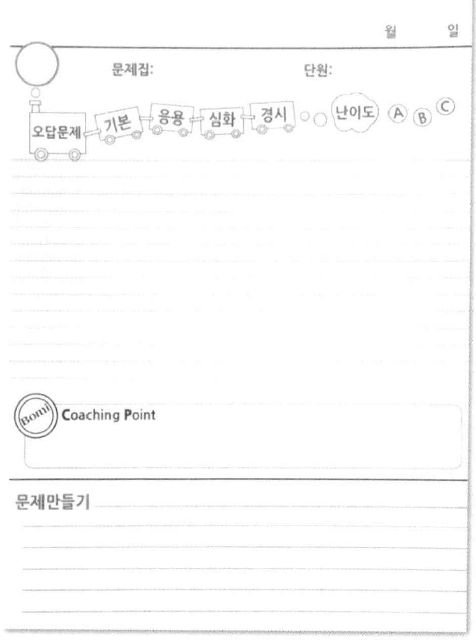

◀ 오답노트. 프린트해서 주지 말고 노트로 제작해서 주는 것이 좋다.

학년별 수학 오답노트 활용법

- 1~4학년 : 스스로 비슷한 유형의 문제를 만들어 풀어보게 한다.

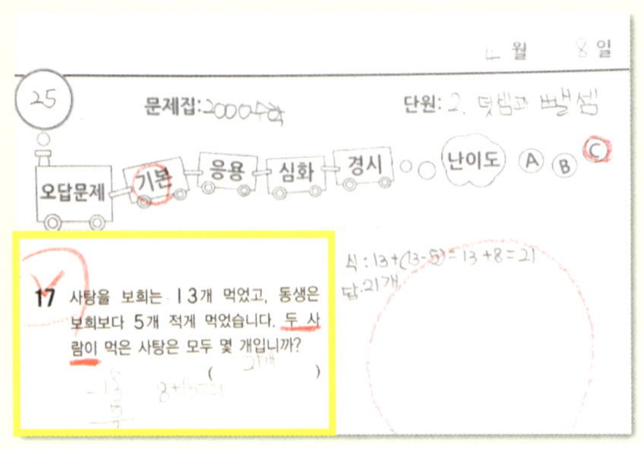

◀ 학생이 틀린 문제를 직접 오려 붙여도 되고, 손으로 써도 좋다. 틀린 오답 문제를 붙여서 다시 학습할 수 있게 지도하자.

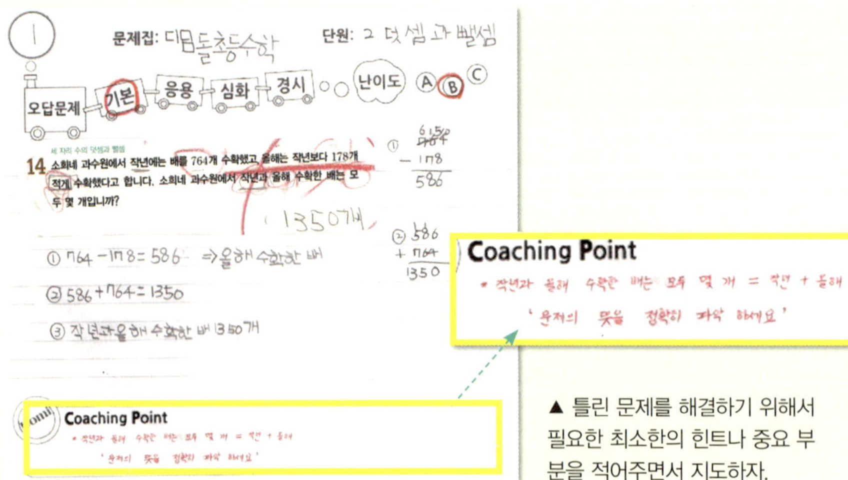

▲ 틀린 문제를 해결하기 위해서 필요한 최소한의 힌트나 중요 부분을 적어주면서 지도하자.

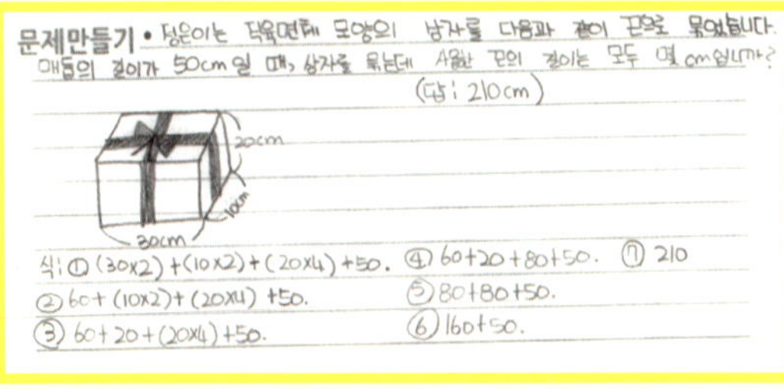

◀ 저학년들은 틀린 부분과 비슷한 유형의 문제를 스스로 만들어 풀어봄으로써 문제에 대한 이해도와 창의력을 높일 수 있다.

• 5~6학년 : 선생님이 비슷한 유형의 문제를 찾아서 다시 풀어보

게 한다.

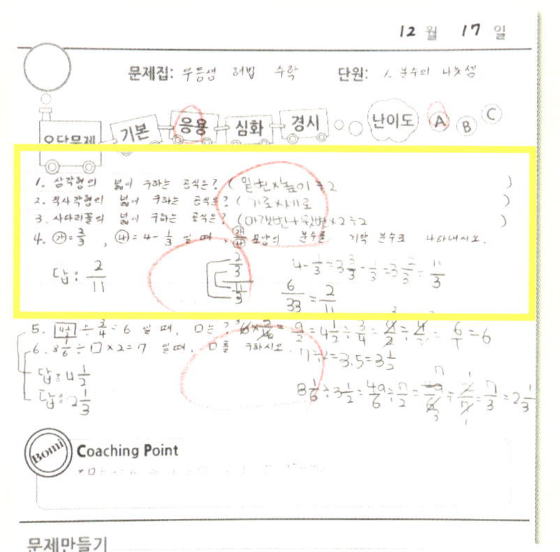

◀ 공식이 나오는 부분은 오답 노트에 공식에 대한 질문을 적고 풀어보게 한다. 후에 시험 대비를 할 때 다시 한 번 정리해서 보면 도움이 된다.

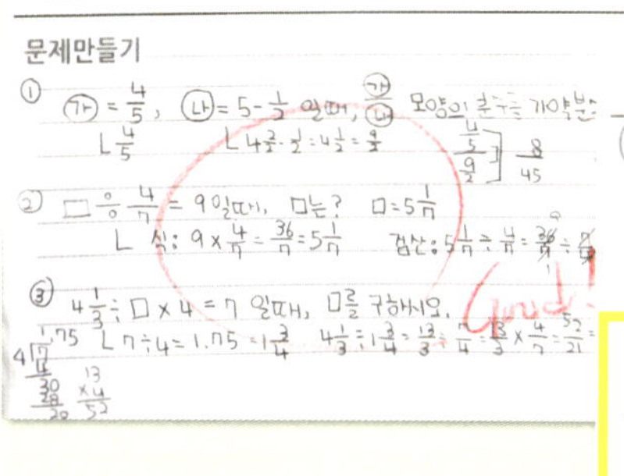

▶ 고학년들은 틀린 문제의 유형이 다양하기 때문에 선생님이 직접 중요한 문제의 유형을 따로 뽑아서 써주거나 프린트해서 붙여주는 것도 좋다.

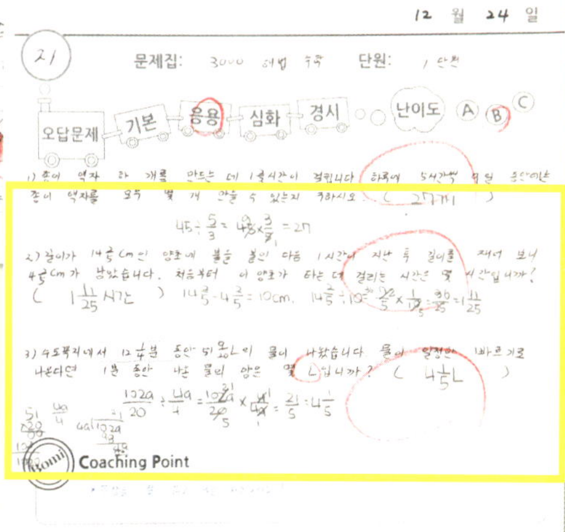

• 중학생 : 다른 문제집에서 비슷한 유형의 문제를 찾아서 쓰게 한

다. 후에 그 문제들을 모아서 시험 대비를 해주면 좋다.

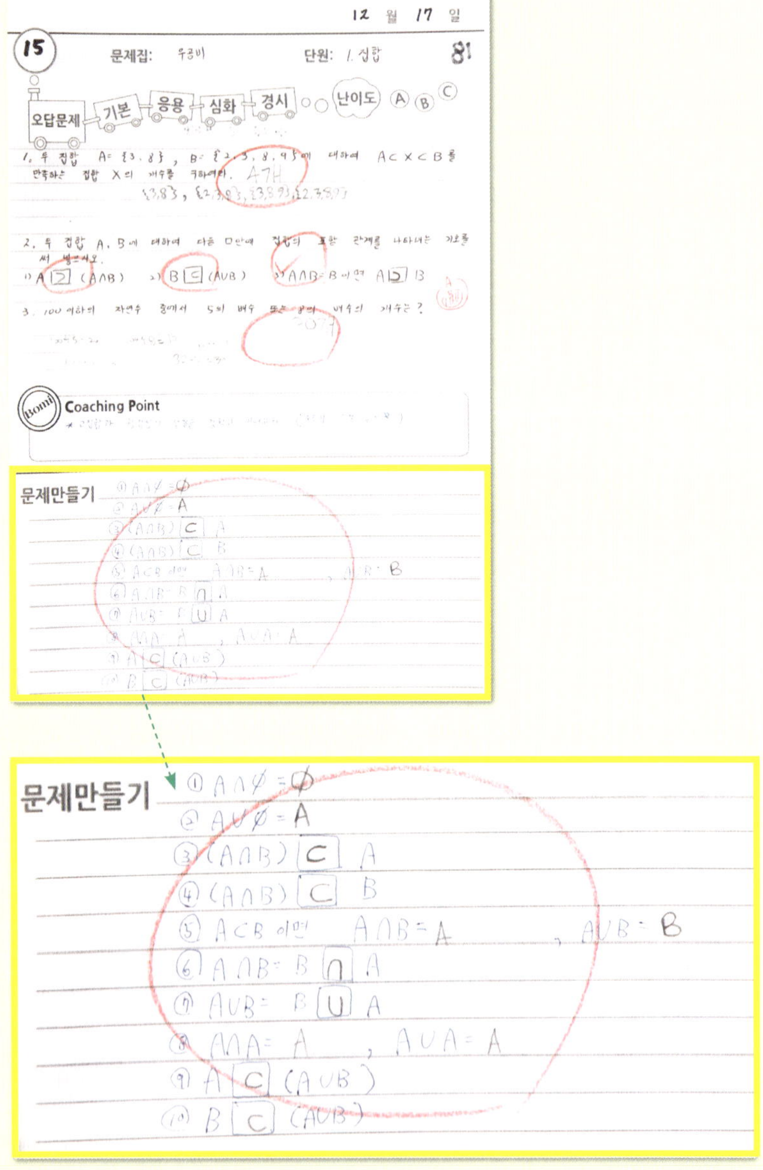

▲ 고학년이나 중학생들은 스스로 문제를 만들어보는 것도 좋지만, 시간적으로나 좀 더 효
율적으로 학습하기 위해서 선생님이 직접 복습할 부분이나 문제를 선정해 주는 것이 좋다.

학년별 수학 오답 스티커 활용 방법

1. 학생들이 틀린 문제를 다시 풀게 한다. 단, 학생이 왜 그 문제를 틀렸는지 보고 힌트를 줄 수 있도록 문제에 표시를 해준다.

2. 학생이 문제를 다시 풀게 하고 그래도 모를 때는 설명을 해준다.

3. 틀린 문제 중 중요한 문제이거나 학생이 어려워했던 유형의 문제에는 그 문제에 별표를 한 후 2~3일 후 다시 풀어보게 한다.

4. 틀린 문제와 비슷한 유형의 문제를 스티커 위에 직접 적어서 문제를 낸다.

5. 학생이 문제를 풀 수 있게끔 지도한다.

오답 스티커 기본 서식

오답정리(문제 및 풀이)	♣ 왜 틀렸을까요?
	① 문제 이해 부족(　)
	② 개념 이해 부족(　)
	③ 풀이 과정 실수(　)
	④ 공식이 생각 안나(　)
	⑤기타:
	날짜:　　월　　일

오답정리(문제 및 풀이)	♣ 왜 틀렸을까요?
	① 문제 이해 부족(　)
	② 개념 이해 부족(　)
	③ 풀이 과정 실수(　)
	④ 공식이 생각 안나(　)
	⑤기타:
	날짜:　　월　　일

오답정리(문제 및 풀이)	♣ 왜 틀렸을까요?
	① 문제 이해 부족(　)
	② 개념 이해 부족(　)
	③ 풀이 과정 실수(　)
	④ 공식이 생각 안나(　)
	⑤기타:
	날짜:　　월　　일

오답정리(문제 및 풀이)	♣ 왜 틀렸을까요?
	① 문제 이해 부족(　)
	② 개념 이해 부족(　)
	③ 풀이 과정 실수(　)
	④ 공식이 생각 안나(　)
	⑤기타:
	날짜:　　월　　일

초등학교 6학년 오답 스티커 활용 예

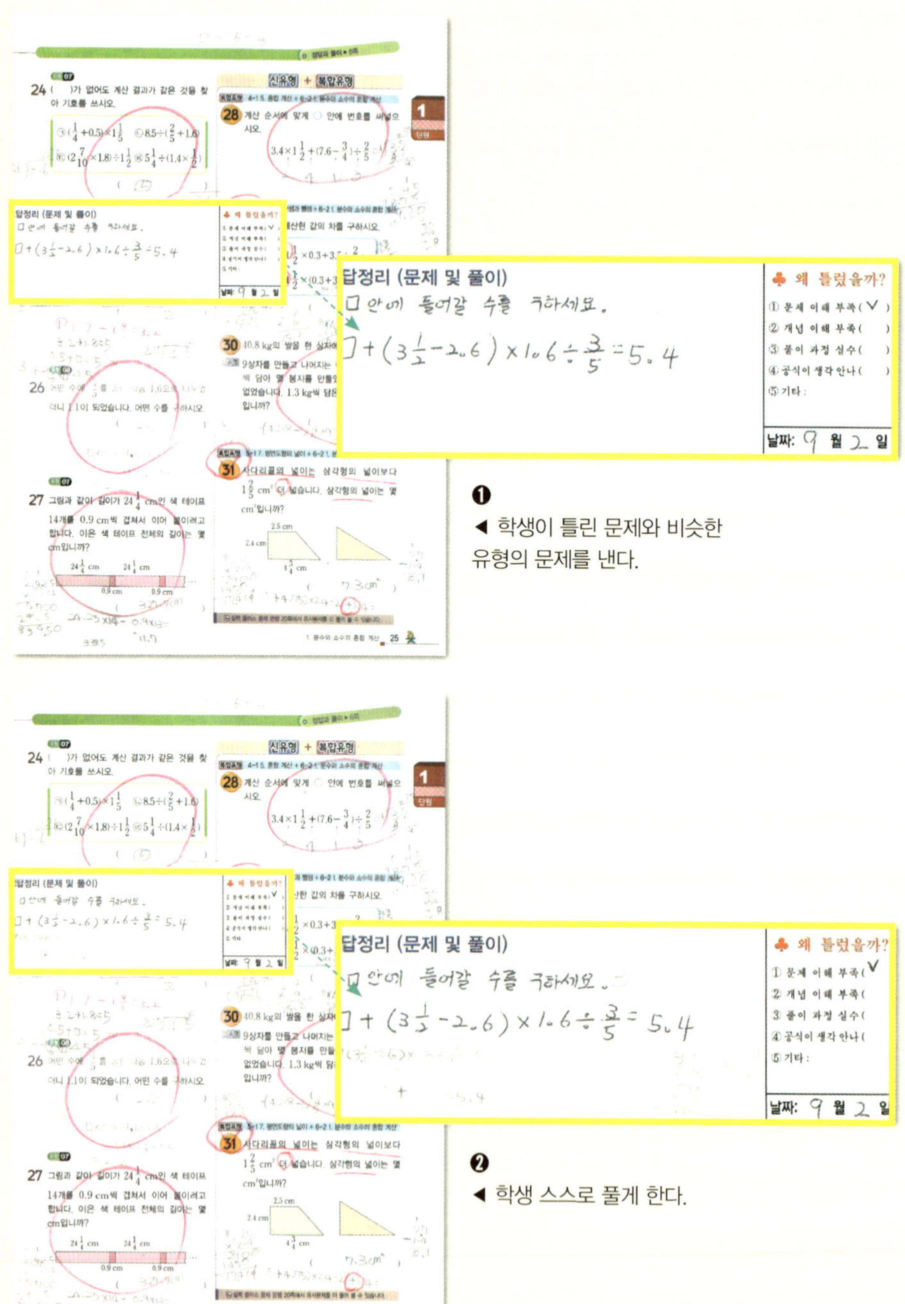

❶

◀ 학생이 틀린 문제와 비슷한
유형의 문제를 낸다.

❷

◀ 학생 스스로 풀게 한다.

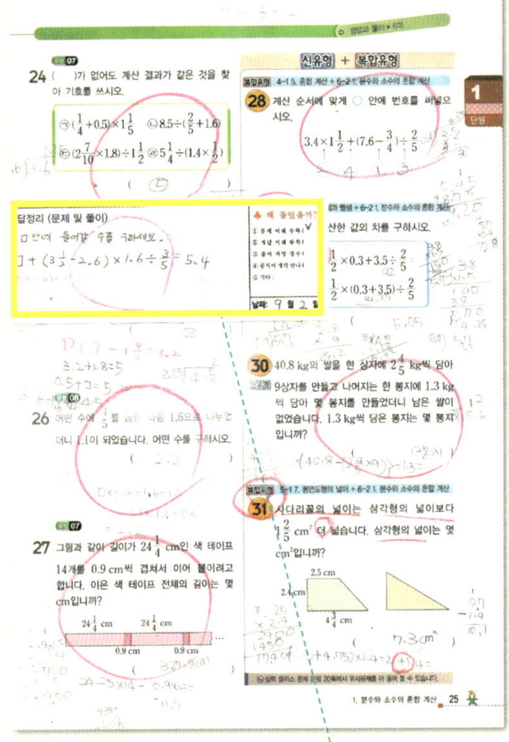

❸

▲ 채점을 해준다.

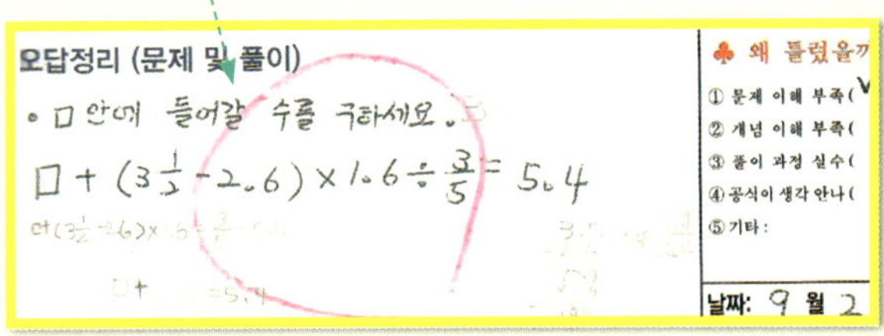

중학교 2학년 오답 스티커 활용 예

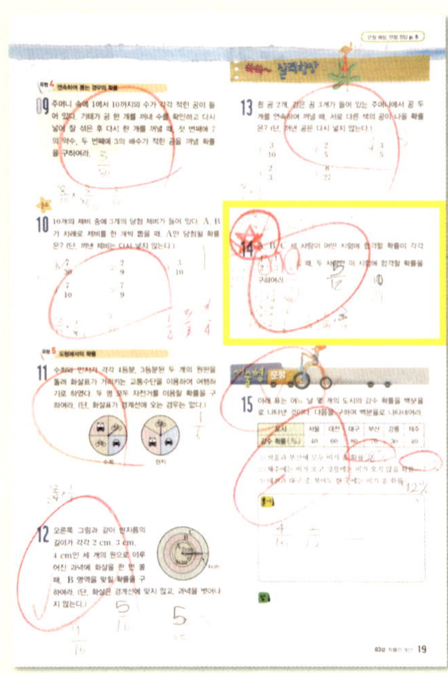

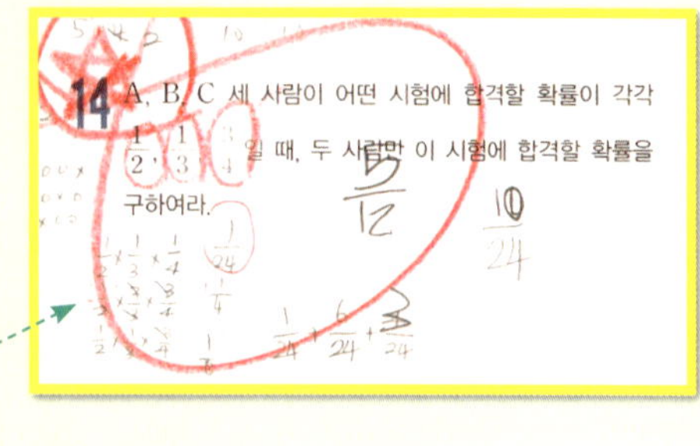

❶

◀ 틀린 문제 중 중요하거나 학생이
어려워한 문제에 별표를 해둔다.

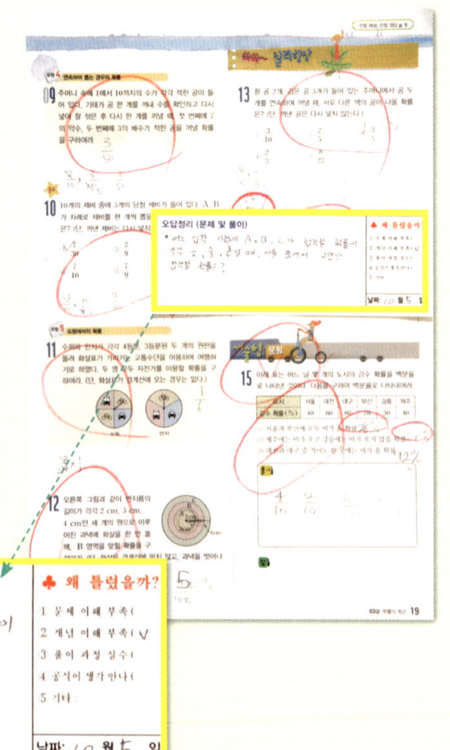

❷

▶ 2~3일 후 비슷한 유형의 문제를
적어서 붙여놓는다.

오답정리 (문제 및 풀이)

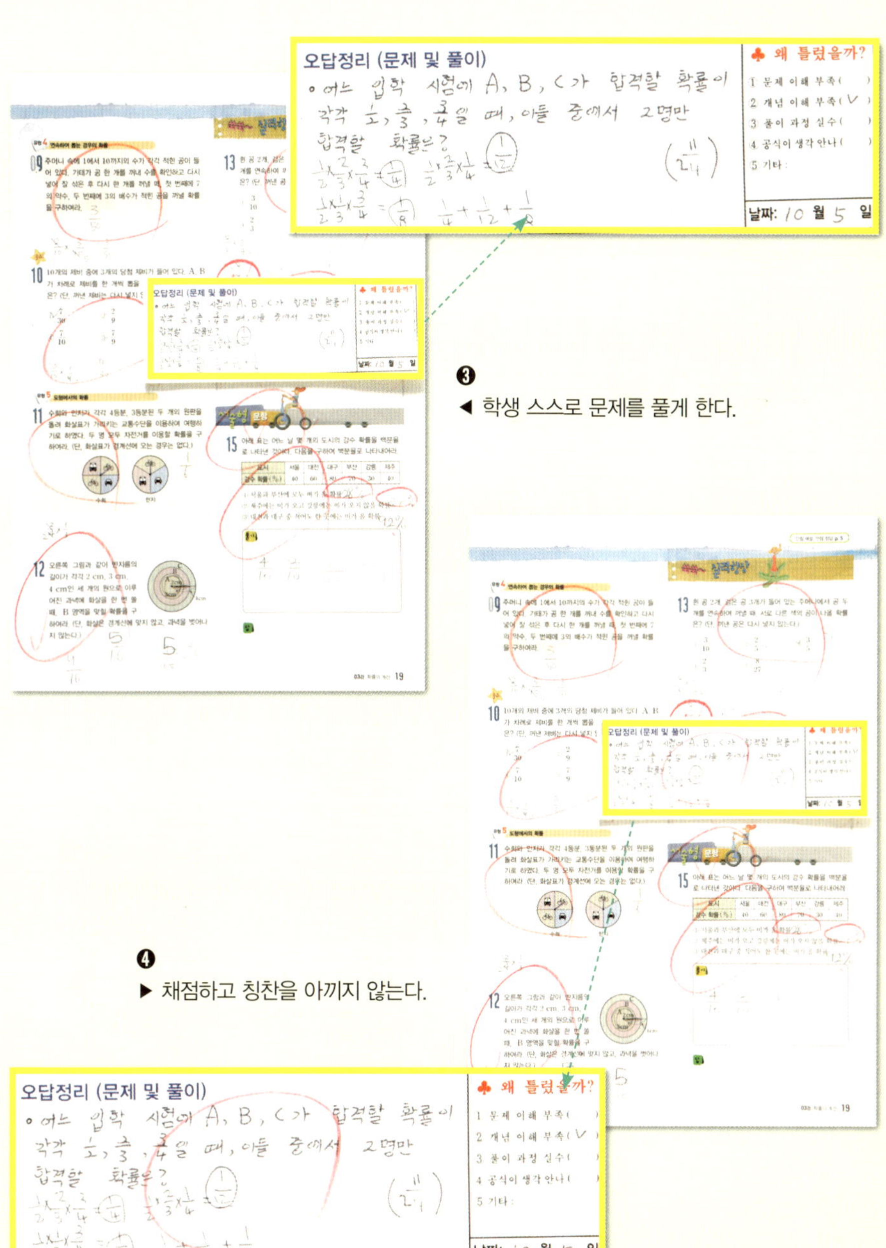

❸

◀ 학생 스스로 문제를 풀게 한다.

❹

▶ 채점하고 칭찬을 아끼지 않는다.

❶

◀ 문제집에서 단원별 학습이 끝난 후 공부한 단원 안에서 중요하거나 학생이 어려워했던 대표 유형의 문제 4~5개를 뽑는다.

❷

▶ 비슷한 유형의 문제를 내서 각 단원 시작 부분에 오답 스티커를 붙인다.

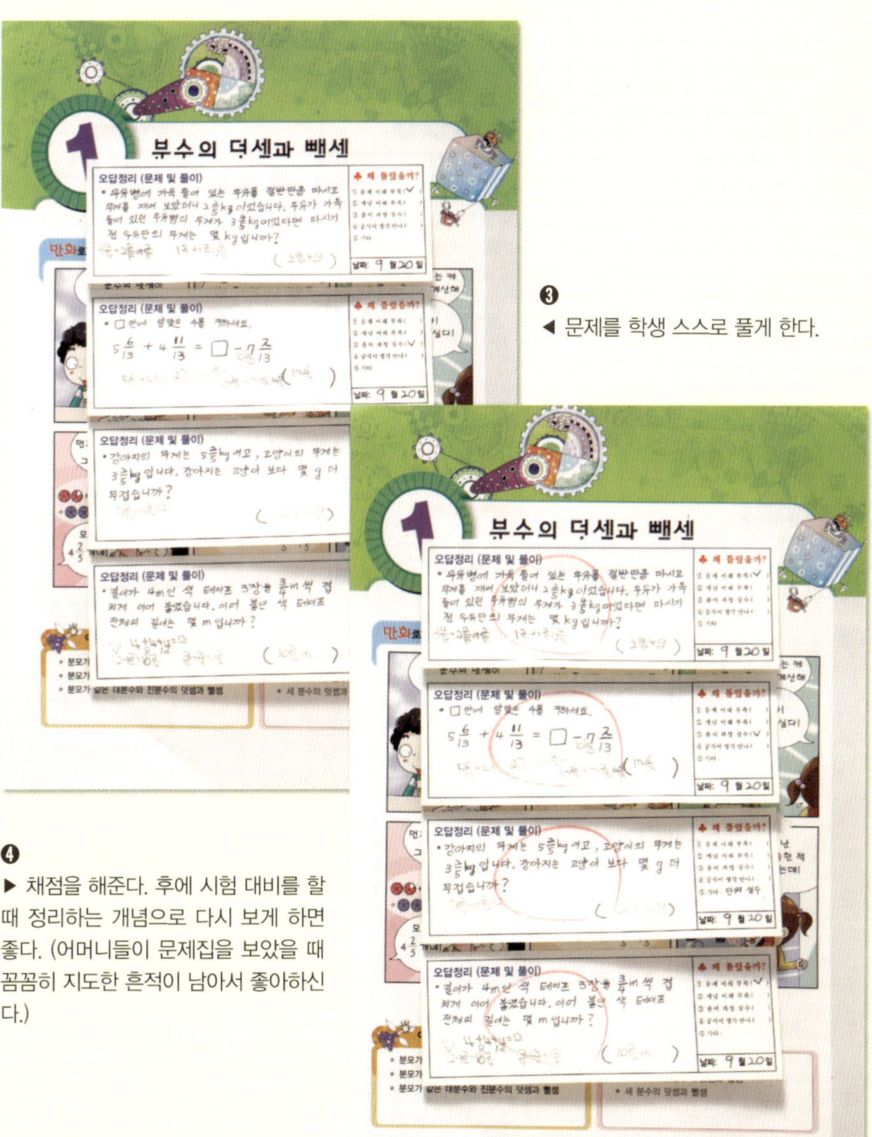

❸
◀ 문제를 학생 스스로 풀게 한다.

❹
▶ 채점을 해준다. 후에 시험 대비를 할
때 정리하는 개념으로 다시 보게 하면
좋다. (어머니들이 문제집을 보았을 때
꼼꼼히 지도한 흔적이 남아서 좋아하신
다.)

영어 공부, 초등은 듣기·말하기, 중등은 문법·독해에 집중해라

부모들이 가장 중요하게 생각하는 과목이 영어와 수학이다. 수학의 기초는 무엇이라고 생각하는가? 바로 연산이다. 연산 학습을 꾸준히 하면서 여러 유형의 문제를 풀어보는 것이 수학 실력 향상에 가장 큰 도움이 된다. 그럼 영어를 잘하기 위해서는 어떻게 학습을 하는 것이 좋을까? 이에 대한 답은 두 가지로 나뉜다. 어떤 선생님은 문법이 중요하다고 하는 반면, 다른 선생님은 듣기와 말하기가 가장 중요하다고 말한다. 어떤 것이 정답일까?

나는 듣기와 말하기가 가장 중요하다고 생각한다. 좀 더 정확히 말하면 초등학교 때는 듣기와 말하기가, 중학교 때는 문법과 독해가 중요하다. 초등학교 때 듣기와 말하기 학습이 잘된 학생들은 중고등학교 때 영어 듣기 평가와 수행평가에서 좋은 점수를 받을 수 있다.

중고등학생들에게 "듣기 학습이 왜 이렇게 안 되어 있니?"라고 말하면서 초등학교 때 그 학생을 가르친 사람을 원망하는 선생님들이 있다. 하지만 지금 초등학생들에게 듣기·말하기 학습은 소홀히 하고 파닉스와 독해 공부만 열심히 시키고 있다면 몇 년 후 자신이 그 말을 듣는 선생님이 될 수도 있다는 것을 명심하라. 앞으로 NEAT가 활성화되면 초등학생들에게는 듣기·말하기가 더욱 중요해진다. 이 학습법에 대해 연구할수록 선생님은 또 하나의 경쟁력을 가질 수 있게 될 것이다.

특히 문제를 집중해서 듣고 푸는 연습을 시키는 것이 좋다. 3일에 한 번 정도는 학습한 내용을 듣기 평가 문제로 만들어서 시험을 보게 하고 1주일에 한 번 정도는 영어 말하기 학습을 시키도록 하자. 학생의 영어 성적이 향상되는 것은 말할 것도 없고 학생과 학부모가 고마워하는 영어 선생님이 될 수 있을 것이다.

중학생들은 독해와 문법이 시험 성적에 많은 영향을 준다. 따라서 평소 문법과 독해 공부를 병행하는 것이 좋다. 독해와 문법을 따로 공부하기보다는 독해를 할 때 문장에 나오는 문법을 활용해서 공부하는 것이 훨씬 효과적이다. 또한 독해를 중심으로 문법을 공부하고 난 후에는 반드시 시험을 봐서 문법을 정확히 이해했는가를 확인해야 한다. 학습한 내용을 확인하고 시험지 만드는 일을 게을리 하지 말자. 나의 부지런함은 학생의 영어 성적과 비례한다.

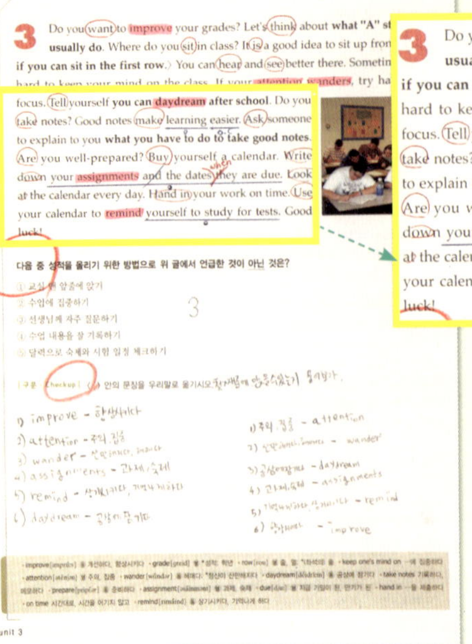

▲ 문법에 대해 공부한 부분을 문장에서 찾아서 확인할 수 있도록 지도한다.

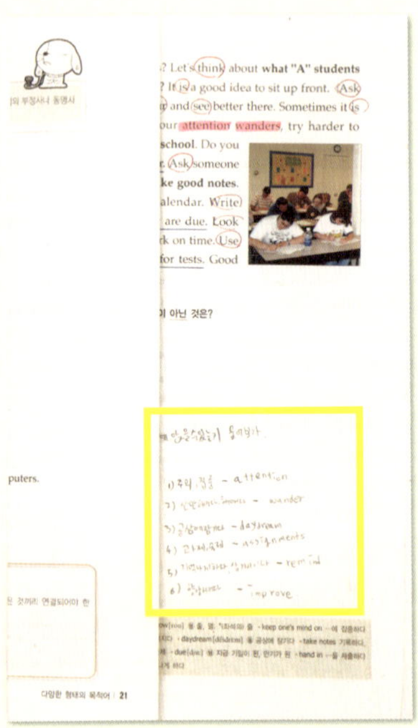

▲ 중요 단어는 단어 시험을 볼 수 있게 지도한다.

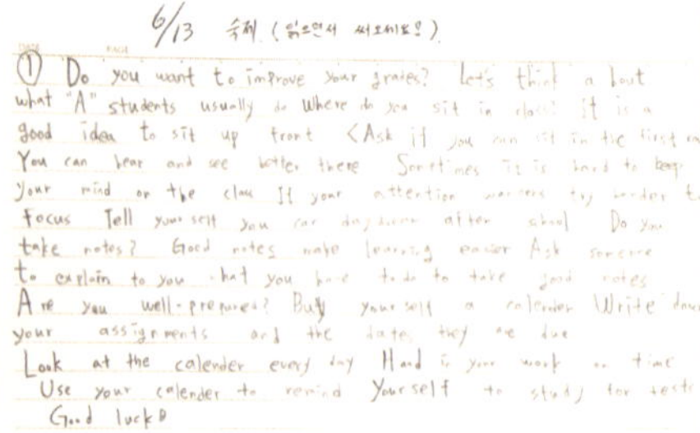

◀ 학습한 독해 내용은 큰 소리로 읽으면서 2~3번 쓰게 지도한다. 한 번 독해하고 지나가는 것보다 학습한 내용을 더 잘 이해하고 정리할 수 있어서 실력 향상에 도움이 된다.

한자 급수와 국어 받아쓰기를 보충해 줘라

논술 공부방이나 전 과목 공부방을 운영하는 선생님들 중에서 다른 곳과 차별되는 학습 지도를 추가하고 싶거나 학생들의 학습 향상과 이해에 도움이 되는 학습 지도를 하고 싶은 선생님이 있다면 한자 급수 시험 공부와 받아쓰기, 그리고 어휘 공부에 집중을 해보자.

요즘 어머니들은 자녀가 초등학생 때 한자 급수 자격증을 취득하길 원한다. 학부모들이 얼마나 관심을 가지고 있는지 궁금하다면 한자 급수 시험장에 가서 시험에 응시하는 학생 수를 보면 알 수 있다. 학습지만 보아도 한자 과목이 없는 학습지가 없다. 한자 과목만 독립적으로 학습지를 운영하는 회사도 있다. 그만큼 한자 학습의 중요성이 커지고 있다. 그런데 공부방에서 한자 급수 자격증을 취득할 수 있도록 학습을 지도해 준다면 이를 싫어할 학부모들이 있을까?

단지 한자 급수 자격증을 따게 하는 것에 그치지 말고 배운 한자를 실생활에서 활용할 수 있는 학습 지도를 하는 것도 잊지 말자. 한자 급수 5급 자격증을 땄는데도 실생활에서 한자를 전혀 활용하지 못하는 자녀를 보면 어머니들은 '도대체 공부방에서 어떻게 학습을 시켰길래…… 무식하게 암기만 시킨 거 아니야?'라고 생각할지도 모른다.

반대로 자녀가 공부방에서 배운 한자를 이용하여 일기를 쓴다면 그것을 보는 어머니의 마음이 어떻겠는가? 내 아이가 한자를 사용해서 문장을 완성했다는 자랑스러움, 선생님에게 향하는 무한한 감사의 마음으로 가득 찰 것이다. (예: 오늘 學校에서 運動會를 했다.)

초등학교 저학년이나 고학년들에게도 국어 학습 향상을 위해 어휘와 받아쓰기 보충 학습을 시키는 것도 좋다. 요즘 초등학생들 중에는 놀라울 정도로 받아쓰기 학습이 안 되는 아이들이 많다. 어휘의 수준은 말할 것도 없다. 이는 책을 잘 읽지 않아서 생기는 문제이기도 하다. 그렇다고 선생님이 아이 옆에 앉아서 매일 책 읽는 것을 감독하거나 직접 읽어줄 수는 없다. 사실 학생들이 책 읽는 것을 좋아하지 않는 이유 중 하나가 문장의 뜻을 이해하지 못해서 책의 내용에 재미를 못 느끼기 때문이다.

이런 학생들을 위해 선생님이 해줄 수 있는 학습이 어휘와 받아쓰기 공부이다. 우선 교과서에 나오는 내용을 중심으로 학습을 시키도록 하자. 교과서에 나오는 내용을 잘 이해하면 필독서의 내용을 중심으로 학습을 이어나가도 좋다. 물론 필독서로 학습을 진행할 때는 받아쓰기 시험을 보거나 어휘 공부를 하는 것보다는 책의 내용을 바탕으로 간단한 글짓기나 독서 퀴즈 형태의 학습을 시키는 것이 좋다.

한자 급수 공부

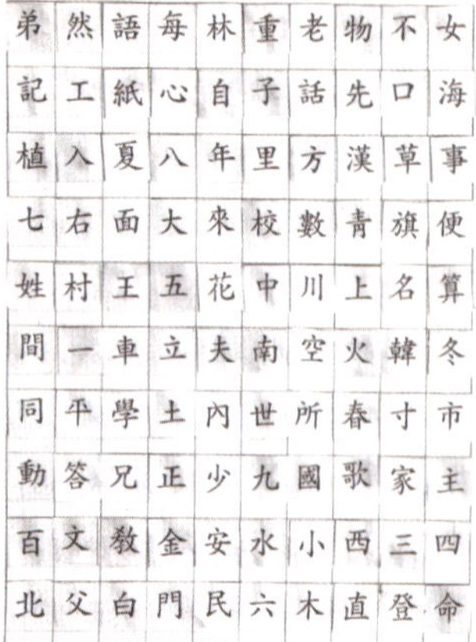

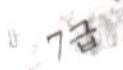

월　　일

No　　대단원:　　　　　소단원:

✎ 어휘&한자어 공부

✎ 속담 공부

✎ 받아쓰기　　　　　점수:

1.
2.
3.
4.
5.
6.
7.
8.
9.
10.

◀ 국어 보충 학습에 활용하면 좋다.

▶ 학습한 단원에서 중요한 어휘를 정리하고 받아쓰기 시험을 본다. (학교 국어 시험에서 받아쓰기 시험을 보는 학교는 큰 도움이 되는 보충 학습이다.)

9월 27 일

④　　대단원: 2단원　　　소단원: 2-2

✎ 어휘&한자어 공부

갈바람	가을 바람
오늘아침 갈바람이 분다.	
무심코	아무런 뜻이나 생각 없이
무심코 한 말로 친구가 화를 냈다	
애처롭게	가엾고 불쌍하여 마음이 아프게
고양이가 애처롭게 운다.	
재촉	어떤일을 빨리 하도록 조름
동생이 빨리 하라고 재촉 했다.	

✎ 속담 공부 흘러가는 물도 떠 주면 공이다.

수난일이라도 도와주면 은혜가 되냐 뜻

✎ 받아쓰기　　　　　점수:

1. 나는 달음박질하였습니다.
2. 오늘아해님이 눈발을 찔러
3. 나는 얼른 고개를 저었습니다.
4. 괜히 신경질을 부렸습니다.
5. 맥없이 길을 걷는데
6. 목소리가 날카로워 졌습니다.
7. 나는 말끝이 막혔습니다.
8. 콧등이 시큰하며
9. 아프리카에는 굶어 죽는 사람이
10. 밥맛이 없어 몇숟가락 뜨다가

❶

◀ 어휘를 사용해서 만든 문장이 올바른지 확인하고 받아쓰기 채점을 한다.

❷

▶ 틀린 문장은 뒷장에 3~5번 정도 올바른 문장쓰기 복습을 시킨다.

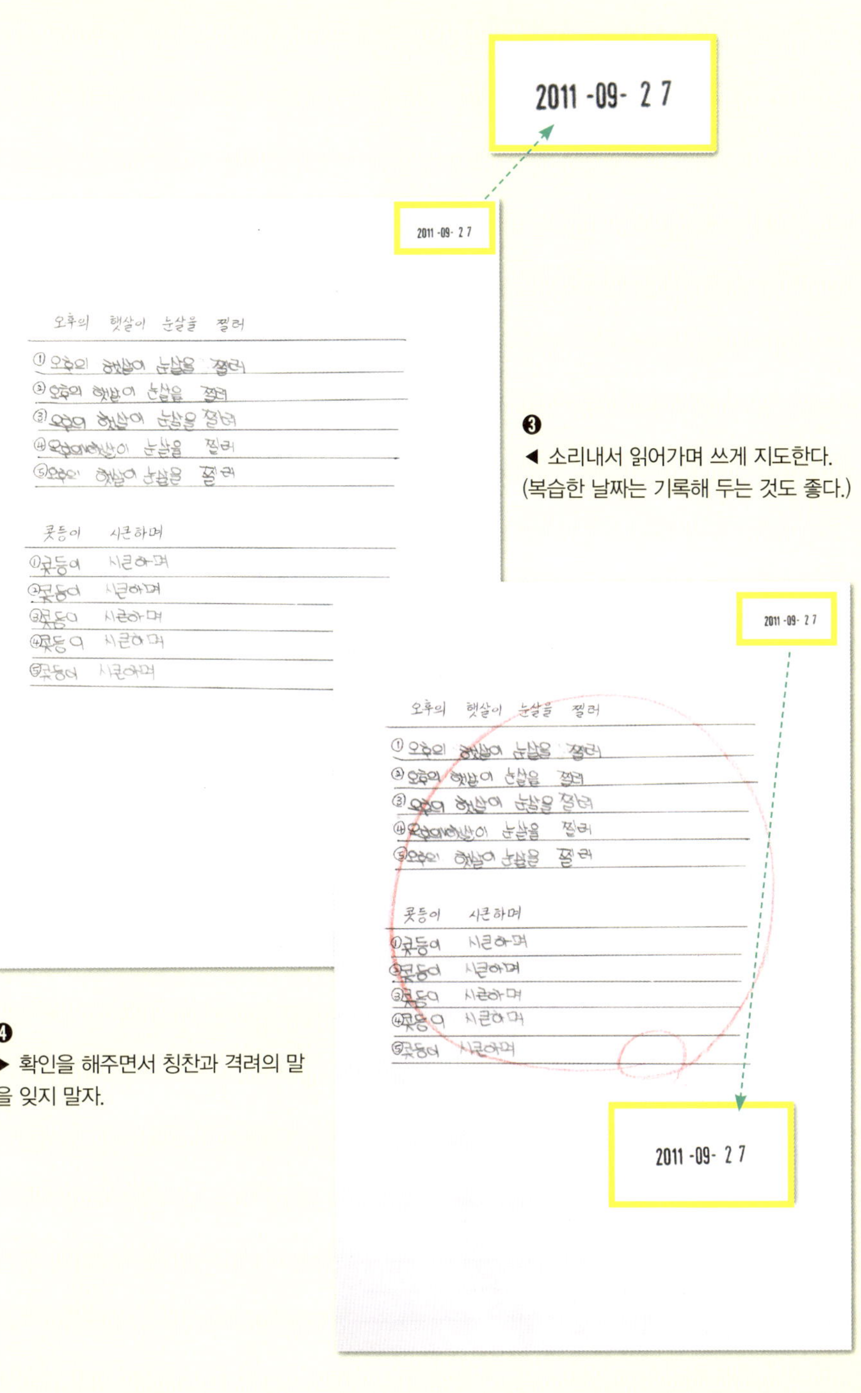

❸
◀ 소리내서 읽어가며 쓰게 지도한다.
(복습한 날짜는 기록해 두는 것도 좋다.)

❹
▶ 확인을 해주면서 칭찬과 격려의 말
을 잊지 말자.

대기자를 만들어라

학생들이 늘어난다는 것은 좋은 일이다. 학생이 늘어나면 선생님의 수익 또한 증가한다. 그래서 대부분의 선생님들이 공부방에 상담을 하러 오는 모든 학생들을 받으려고 노력한다. 하지만 이는 결코 좋은 방법이 아니다.

물건을 살 때 '한정 판매'라는 말을 들어본 적이 있을 것이다. 사람들은 한정 판매를 한다고 하면 더욱 그 물건을 사고 싶어한다. 지금 사지 않으면 다시 살 기회가 주어지지 않기 때문이다.

공부방도 마찬가지다. 누구나 원할 때 들어올 수 있는 공부방은 학부모들 사이에는 크게 매력적인 공부방으로 보이지 않는다. 누구나 들어올 수 있는 곳은 누구나 쉽게 나갈 수도 있다. 내가 열심히 가르쳐서 성적을 올려놓은 학생은 어느 순간 좀 더 수준 높은 곳에서 공부하길 원하는 경우가 많다. 선생님 입장에서는 괘씸하다고 생각할지 모르지만 그 학생의 부모는 '다른 곳에 갔다가 안 되면 다시 돌아오지.'라는 생각을 한다. 그렇기 때문에 퇴회를 아주 쉽게 생각하는 것이다. 이는 현재 공부방을 운영하고 있는 분들이라면 한 번쯤 경험해 본 일이 있을 것이다.

나도 공부방을 운영하면서 초기에는 이런 일들을 겪었는데 그때마다 매우 기분이 좋지 않았다. 결국 다른 곳에 갔다가 다시 공부방으로 돌아오긴 했지만 마음속에 남은 상처는 쉽게 사라지지 않았다. 그래서 생각한 방법이 대기자 만들기였다. 처음에는 단순히 기존에 있는 학생들과 학습 수준이 맞지 않는 하위권 학생 한 명과 시간표가 맞지 않는 상위권 학생 한 명을 받지 않았다.

그런데 그 일에 대해 아이들이 나에게 "왜 안 받아요?"라는 질문을 했다. '한 명은 공부를 너무 못해서 받을 수가 없었고, 또 한 명은 시간표가 맞지 않아서 그 아이가 오려면 시간표를 변경해야 하는데 지금은 너무 힘들어서 그래.'라고 설명해 주기 귀찮았던 나는 "선생님은 정해진 인원 이외에는 받지 않아요. 이 공부방은 들어오고 싶다고 아무 때나 들어올 수 있는 곳이 아니란다."라고 웃으며 이야기했다. 이 말은 곧 학부모들 사이에서 '대기자를 받는 공부방'이라는 말로 전해졌다.

그 소문의 효과는 새 학기가 시작될 때 느낄 수 있었다. 3학년과 5학

년 반을 하나씩 새로 만들고 싶었던 나는 게시판에 광고를 붙여야겠다
고 생각했다. 그런데 이미 새로운 반을 만든다는 소식이 공부방에 있
는 아이들로부터 부모에게, 그리고 주변의 친한 학부모들에게도 전해
졌다. 그래서 게시판에 광고를 내기도 전에 상담 전화가 오기 시작했
다. "정현이 친구 엄마인데요. 이번에 새로 반을 만드신다면서요. 그럼
학생 받으시는 거죠? 우리 아이가 다니고 싶어하는데……."라면서 상
담 문의가 오더니 새로 반을 만들겠다고 이야기한 지 1주일도 안 되어
12명이 순식간에 모여들었다.

물론 기존의 아이들이 공부방을 나가는 일은 거의 없었다. 자연히
장기 회원들이 늘어갔고 공부방은 안정적으로 운영될 뿐 아니라 학생
들과 공부하는 시간이 길어지면 길어질수록 어려서부터 가르쳐온 아
이들이기 때문에 다루기도 쉬웠다. 그리고 더욱 좋은 것은 공부방에
들어오고 싶어하는 아이가 많으면 그 중에 내가 원하는 아이를 골라서
받을 수 있다는 점이다. 우연히 시작한 이 방법은 홍보 효과가 커서 공
부방을 안정적으로 운영할 수 있는 수단이 되었다. 고급화된 이미지로
대기자를 만들어라. 그 대기자가 선생님이 하는 홍보의 열 배가 되어
돌아올 것이다.

학생들과
친한 선생님이 돼라

시대가 변할수록 학생들도 변한다. 지금 학생들을 가르쳐보면 '아휴~ 우리 때는 저러지 않았는데…… 요즘 아이들은…….' 이렇게 생각하는 경우가 가끔씩은 있을 것이다. 예전처럼 선생님은 무서운 존재여서는 안 된다. 선생님은 학생들이 믿고 의지할 수 있는 친한 언니나 오빠처럼 가까운 존재여야 한다.

아이들은 사춘기에 접어들면 부모와 사이가 급격하게 멀어진다. 그렇기 때문에 부모님의 말을 듣지 않게 된다. 아니 오히려 부모님을 이기려고 한다. 그 전까지는 부모의 강요에 의해 어쩔 수 없이 공부방에 다니고 있던 학생도 사춘기가 되어 선생님을 싫어하고 불편해하면 당연히 공부방을 그만두게 될 것이다.

반대로 학생이 선생님을 좋아하는 경우에는 어쩌다 집이 이사를 가서 공부방과 멀어지더라도 버스를 타고 다니면서 공부방에 다니게 된다. 집에서 멀다고 부모가 다른 곳으로 옮기자고 해도 끝까지 다닌다. 학년이 올라갈수록 학원과 공부방을 선택하는 주체는 부모가 아닌 학생이 된다. 대부분 부모의 의지대로 자녀를 다룰 수 있는 것은 초등학교 때까지만 가능한 일이기 때문이다. 그러므로 학년이 올라가도 그만두는 학생들 없이 안정적으로 공부방을 운영하고자 하는 선생님이라면 학생들과의 친밀도를 높이기 위해 노력해야 한다.

학생들과 친해지는 방법은 어려운 것이 아니다. 학생들에게 선물을 사주고 먹을 것을 자주 사주면서 친해지라는 것이 아니다. 그저 학생을 이해하려고 노력하면 되는 것이다. 학생이 문제를 잘 못 푼다고 해서 화를 내거나 짜증을 내지 말자. 모르기 때문에 공부방에 오는 것이다. 만약 선생님이 공부를 가르치면서 학생에게 화를 내거나 조금이라도 언성을 높인다면 그 학생은 선생님을 싫어하는 마음을 키우게 된다. 학생이 문제를 틀렸거나 질문을 자주 하더라도 "왜? 어떤 부분이 이해가 안 되니? 자, 천천히 다시 볼까? 이제 이해가 되니? 다시 설명해 줄까?"라는 말을 자주 하자. 이 경우 비록 시험 성적이 떨어지더라도 학생은 선생님 탓을 하지 않는다. '선생님이 열심히 가르쳐주셨는데 내가 실수를 한 거지.'라고 생각을 한다.

반대로 "또 틀렸어. 다시 풀어 와. 야, 왜 자꾸 틀려." 등 학생이 듣기에 상처가 되는 말을 할 때 학생들은 시험 성적의 하락을 선생님 탓으로 돌린다. 선생님이 제대로 가르쳐주지 않았기 때문에 틀린 것이라고 생각하게 된다.

물론 학생들을 가르치면서 절대 화를 내지 말라는 것은 아니다. 학생이 버릇없이 행동할 때나 수업에 방해가 되는 행동을 할 때는 따끔하게 혼을 내주어야 하지만, 그 외에 공부와 관련된 부분에서 암기를 빨리 못한다고, 문제를 많이 틀렸다고, 문제를 너무 늦게 푼다고, 모르는 문제가 많다고, 이해를 빨리 못한다고 화를 내지는 말자. 학생들은 선생님이 화를 낼수록 공부에 대한 자신감은 상실하게 되고 선생님에 대한 미움만 커져간다.

선생님 앞에서는 아무런 소리를 안 해도 뒤에서 친구들끼리는 선생님에 대한 안 좋은 이야기를 한다. 그러므로 선생님과 학생 사이에 좋은 유대 관계가 형성될 수 있도록 인내심을 길러야 한다. 그리고 학생의 입장에서 이해하려고 노력하자. 문제를 많이 틀리는 학생은 얼마나 속상하고 무안하겠는가. 이런 생각을 키워갈수록 학생을 대하는 선생님의 노하우 또한 쌓여갈 것이다.

남학생은 공룡

여학생은 하트

영어 수업을
홍보에 이용하라

중학생들은 당장 영어 성적을 올림으로써 결과를 나타내 보일 수 있다. 그러나 중학생들도 듣기 평가는 부담스러워하는 경우가 많다. 그렇기 때문에 중학생이라 할지라도 듣기와 말하기는 앞으로 중요한 학습 영역을 차지한다. 초등학생은 중학생보다 듣기가 더욱 중요하다. 초등학교 영어 시험은 대부분의 문항이 듣기 평가로 이루어져 있기 때문이다.

영어는 무엇보다 듣기와 말하기가 중요한 과목이다. 듣기와 말하기가 잘되는 학생들은 읽기와 쓰기도 어렵지 않게 학습할 수 있다. 그렇기 때문에 영어를 공부할 때는 듣기와 말하기를 중심으로 읽기와 쓰기를 시키는 것이 좋다. 어떤 방법으로 공부를 가르치고 어떻게 부모에게 보여주는 것이 좋을까?

우선 학생이 영어를 편하게 생각하도록 만들어라. 학생들이 영어를 사용하는 것을 부담스럽지 않고 재미있게 생각할 수 있도록 말이다. 그리고 그것을 평소에 활용할 수 있도록 만들어야 한다. 예를 들어 수업 시간에도 영어로 수업을 진행하는 것이 좋다. 하루에 10~15분 정도 주제를 정해서 영어로 수업을 진행하는 것이다. 선생님은 학생들이 영어로 하는 말을 듣고 잘못된 표현을 바로 잡아 주는 것이 좋다.

학생들 중에는 잘못된 영어 표현을 사용하는 경우가 많다. 학생들이 말하는 순간 바로 수정해 주는 것이 아니고 노트에 메모해 놓았다가 수업 후 그 내용을 나누어주는 것이다. 그러면 학생은 수업 시간에 본인이 말한 영어 표현 중 어느 부분이 잘못된 것인지 알 수 있고 그 부분을 노트에 3~5번 써오게 하는 것이 좋다. 영어 표현은 자주 사용할수록 그 실력이 빨리 늘기 때문이다.

설령 영어로 수업을 진행하는 것이 부담스럽더라도 너무 걱정할 필요는 없다. 요즘 영어 프랜차이즈 중에는 이런 학습 시스템이 굉장히 잘되어 있기 때문에 동영상 강의를 적극 활용하면 된다.

그리고 학생들이 공부가 끝나고 집에 돌아가서 가족과 함께 있는 시간에 전화를 걸어 영어로 짧게 대화하는 시간을 가져라. 주위 사람들에게 학생이 영어를 사용하는 모습을 자주 보여주는 것이 좋다. 이 방법은 부모에게 그동안 아이가 학습한 내용을 확인시켜 줄 수 있을 뿐더러 공부방 홍보에도 더없이 좋다. 또한 자녀의 영어 실력 향상을 성적이 아닌 실제 생활 모습에서 보여줄 수 있기 때문에 그 만족도는 시험 성적보다 크게 작용할 수 있다.

June 20 April
It's too hot today.
But, it's a bug.
There are too many people there.
You like bears, right.
The weather was the only problem.
That's the problem.
Why didn't you tell me?
There are four people in my family.
I want to have an older sister.
Adopt.
My Father loves Gimpo.
It's near Seoul.
It's close to Seoul.

June 10 April
What would you do?
When did you eat that?
I'm scared of them.
I'm afraid of them.
I saw that on the internet.
They are too big.
Their hair is too short.
Raw
I want to eat ...
I always take out the pickles.
The best part of a hamburger
   is the cheese.
The interesting part is ...
Carrots taste strange
Often go to the dentist
I always take care of my tee
I like meat more than anything else.
A woman's weight is different than
   what men think
My father keeps the secret from my
   brother.
You're not a woman.
Clothes are the problem.

June 30 April
We will have a party tonight.
I bought a big cake and a big
   present for my Father.
Headband.
We have a party.
We talk to each other.
We will take a trip to Kangwon-do.
I watched TV. a little.
I made a card for my Father.
I organized my comic books.
I've been collecting them for over
   10 years.
They might be jealous of me.
Valuable.
Are they yours.
It's tacky.
Only my family knows about it.

June 20 April
It's too hot today.
But, it's a bug.
There are too many people there.
You like bears, right.
The weather was the only problem.
That's the problem.
Why didn't you tell me?
There are four people in my family.
I want to have an older sister.
Adopt.
My Father loves Gimpo.
It's near Seoul.
It's close to Seoul.

▲ 선생님이 학생들과 영어 토론 수업 중 학생들이 잘못 사용한 영어 문장을 정정해 주고 그 프린트를 나누어준다.

June. 20.

① It's too hot today.
But, it's a bug.
There are too many people there
You like bears, right?
The weather was the only problem.
That's the problem.
Why didn't you tell me?
There are four people in my family.
I want to have an older sister
Adopt
My Father loves Gimpo.
It's near Seoul.
It's close to Seoul.

② It's too hot today.
But, it's a bug.
There are too many people there
You like bears, right?
The weather was the only problem.
That's the problem.
Why didn't you tell me?
There are four people in my fam
I want to have an older siste
Adopt
My Father loves Gimpo.
It's near Seoul.
It's close to Seoul.

③ It's too hot today.
But, it's a bug
There are too many people there
You like bears, right?
The weather was the only probl
That's the problem.

Why didn't you tell me?
There are four people in my family.
I want to have an older sister.
Adopt
My Father loves Gimpo.
It's near Seoul.
It's close to Seoul.

④ It's too hot today.
But, it's a bug.
There are too many people there.
You like bears, right?
The weather was the only problem.
That's the problem.
Why didn't you tell me?
There are four people in my family.
I want to have an older sister.
Adopt
My father loves Gimpo
It's near Seoul.
It's close to Seoul.

⑤ It's too hot today.
But, it's a bug.
There are too many people there
You like bears, right?
The weather was the only problem.
That's the problem.
Why didn't you tell me?
There are four people in my family.
I want to have an older sister.
Adopt
My father loves Gimpo.
It's near Seoul.
It's close to Seoul.

Very nice!

▶ 집에서 학생들이 큰 소리로 읽어가
면서 4~5번 문장을 쓰도록 지도한다.

교재는 반드시 선생님이 채점하라

가끔 "학생들이 푼 교재를 꼭 선생님이 채점해야 하나요?"라고 묻는 분들이 있다. 당연히 답은 "그렇다."이다. 이것은 선생님의 선택 사항이 아닌 의무다. 학생들이 푼 교재를 선생님이 직접 채점하면 좋은 점이 많다.

첫째, 학생의 학습 상태를 꼼꼼히 체크할 수 있다. 학생이 오늘 배운 내용 중 어느 부분을 이해하지 못했는지, 왜 실수를 했는지 빠르게 파악할 수 있다. 이렇게 파악을 하고 나면 그 학생에게 부족한 부분을 찾아서 공부 시킬 수 있기 때문에 성적 향상에도 큰 도움이 된다.

둘째, 학생의 학습 습관을 파악할 수 있다. 이것은 아주 중요한 부분이다. 그 학생의 학습 습관을 알아야만 학생을 가르치기도 편하고 그에 맞추어 학부모와의 상담에서도 주도권을 잡을 수 있다. 예를 들어 숫자를 잘못 쓰거나 문제를 잘못 보아서 실수를 하는지, 문제를 끝까지 읽지 않고 풀어서 오답이 생기는지 알 수 있다. 학생들은 각자 문제를 풀 때 자주 실수를 하는 학습 습관을 가지고 있다. 그렇기 때문에 선생님이 직접 채점을 하면 이런 부분들을 빨리 잡아낼 수 있다.

셋째, 선생님이 직접 채점을 하면 다음 시간 수업 계획을 잡기가 쉬워진다. 채점을 하면서 오답 문제를 보면 학생들이 어느 부분을 이해하지 못했는지를 파악할 수 있다. 그러면 다음 시간에 어느 부분을 집중적으로 학습할 것인지, 어느 부분을 보충 수업해야 할 것인지 계획을 세울 수 있다.

넷째, 시험 대비 공부를 잘할 수 있다. 대부분 초보 선생님들은 시험 대비를 어떻게 해야 할지 몰라서 걱정하는 경우가 많다. 이 경우 문제집을 채점해 보면 학생들이 공통적으로 틀리는 문제를 발견할 수 있다. 그러면 시험 대비를 할 때 그와 비슷한 유형의 문제를 찾아서 학습을 시키면 된다. 학생들은 보통 모르는 문제나 틀렸던 유형의 문제를 또 틀린다. 따라서 이런 부분들을 찾아서 학습시키면 학생들이 시험에서 비슷한 유형의 문제를 틀리는 실수를 줄일 수 있다.

선생님들이 채점을 할 때는 주의할 점이 있다. 채점한 문제집을 학생이나 학부모가 볼 때 기분 상하지 않게 채점을 하는 것이다. 채점에도 방법이 있다. 틀린 부분보다는 맞은 부분에 눈이 가게 채점하라. 10

문제 중 5문제를 틀리고 5문제를 맞춘 경우가 있다고 가정해 보자. 그런데 틀린 문제를 너무 크게 채점하면 오히려 틀린 부분이 강조되어 굉장히 못 푼 것처럼 보일 수 있다. 이왕이면 학생이 상처를 덜 받고 부모가 보기에도 점점 나아지는 모습처럼 보일 수 있도록 채점하자.

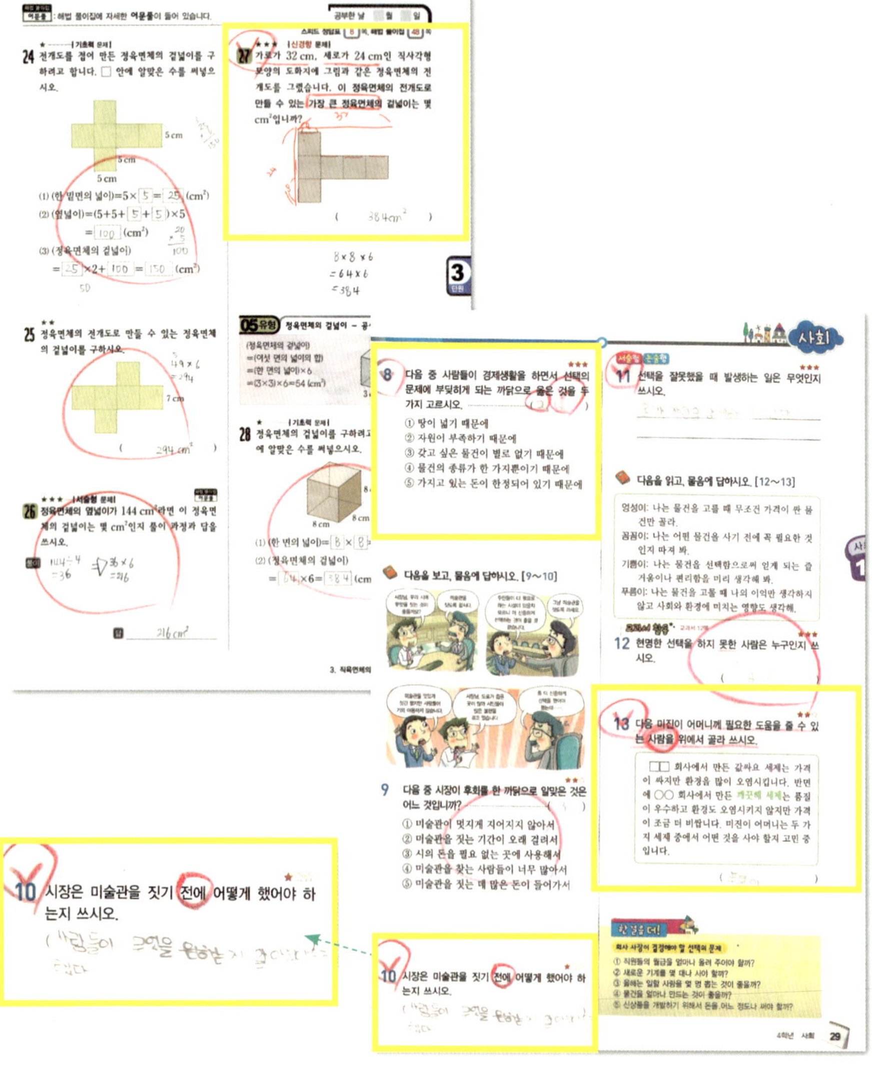

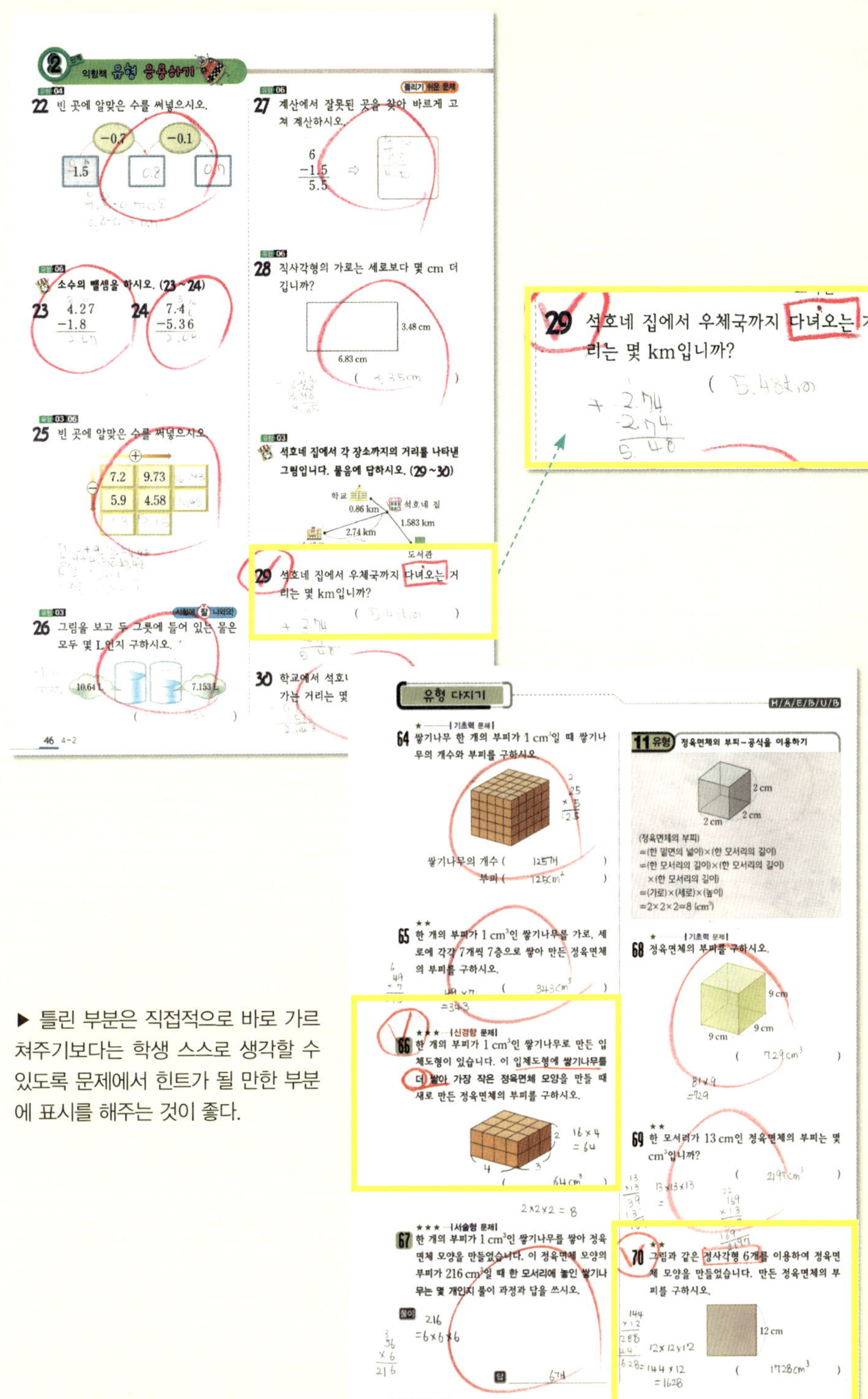

▶ 틀린 부분은 직접적으로 바로 가르쳐주기보다는 학생 스스로 생각할 수 있도록 문제에서 힌트가 될 만한 부분에 표시를 해주는 것이 좋다.

황금알을 낳는 거위, 공부방 사업

지금 이 순간에도 많은 사람들이 공부방 창업을 생각하고 있다. 앞에서도 이야기했듯이 공부방 사업은 적은 돈으로 시작해서 황금알을 낳을 수 있는 사업 아이템이다. 그러므로 여러 사람들이 관심을 갖고 시작하는 것은 누가 보아도 당연한 결과이다.

이러한 경쟁 속에서 어떻게 하면 성공하는 공부방을 운영할 수 있을까? 그 비법은 이 책에서 이야기한 바 그대로이다. 지금 공부방 창업을 계획하고 있는 분이라면 이 책을 통해 내가 밝히고 있는 '1등 공부방 운영 비결'을 자기 것으로 만들고 응용해 보라. 그러면 그것이 선생님만의 차별화된 프로그램이 될 것이고, 그것이 선생님을 성공하는 공부방 선생님, 즉 모든 학부모와 학생들이 찾는 선생님으로 만들어줄 것이다.

무슨 일이든 쉬운 것은 없다. 모든 일이 쉽다면 왜 사람들이 고민하고 스트레스를 받겠는가? 나도 처음부터 모든 일이 술술 풀리지는 않았다. 지금의 이 자리에 있기까지 엄청난 스트레스와 수많은 시행착오가 있었다. 그러나 그러한 경험들이 있었기에 성공하는 공부방을 운영할 수 있었고, 많은 선생님들께 공부방 창업과 운영에 대한 조언을 할 수 있게 되었다.

'무조건 열심히 해야지.'라고 생각하지 말고 '어떻게 열심히 할까?'를 고민하라. 열심히는 누구나 할 수 있다. 아니 사업을 하면서 열심히 안 하겠다는 생각을 가지고 일하는 사람이 과연 있을까? 요즘은 열심히 하는 것만으로는 경쟁력을 가질 수 없다. 나만의 차별화된 무언가를 가지고 열심히 했을 때 선생님들은 학생들의 기억 속에 영원히 남는 선생님, 학부모의 절대적인 신뢰를 바탕으로 존경받는 선생님이 될 것이다.

학생들을 가르치는 일은 결코 쉬운 일이 아니다. 하지만 그 이상으로 보람이 넘치고 자신의 가치 또한 크게 높아지는 직업임에 틀림없다. 학생들을 가르칠 때, 학부모들과 정기적으로 상담을 진행할 때, 학생들이 사용하는 교재에 대해 고심하고 문제를 새로 만들 때 공부방 선생님은 가장 힘들다. 그러나 그 힘든 시간이 지나고 나면 공부방 학생들의 성적이 향상되어 어머니들이 "선생님 정말 감사합니다."라며 감사의 인사를 하고, 학생들이 "선생님께 배우니까 성적이 오르고 공부에 자신감이 생겼어요."라는 말을 전해오면 그 기분은 무엇과도 비교할 수 없을 만큼 자랑스럽다. 나는 이 책을 읽는 많은 선생님들이 학생들을 가르치면서 내가 느꼈던 보람과 성취감을 느꼈으면 하는 바람이다.

더 이상 망설이지 말고 당장 공부방 창업에 도전하라. 지금 공부방을 운영하고 있는 선생님들은 현재의 운영에 만족하지 말고 더욱 성공적인 공부방을 운영할 수 있도록 노력하고 실천하자. 그 실천이 미래의 여러분을 만든다는 것을 잊지 말자. 여러분을 자랑스럽게 만드는 것은 바로 자신이므로 열심히 노력하는 최고의 공부방 선생님이 되자.